何炳松讲通史新义

何炳松 著

河海大学出版社
·南京·

图书在版编目（CIP）数据

何炳松讲通史新义 / 何炳松著． -- 南京：河海大学出版社，2021.1
　ISBN 978-7-5630-6493-9

Ⅰ．①何… Ⅱ．①何… Ⅲ．①史学－研究－中国
Ⅳ．①K092

中国版本图书馆CIP数据核字（2020）第184587号

书　　　名	何炳松讲通史新义
	HEBINGSONG JIANG TONGSHI XINYI
书　　　号	ISBN 978-7-5630-6493-9
责任编辑	毛积孝
特约编辑	何　薇　　叶青竹
特约校对	王春兰
出版发行	河海大学出版社
地　　　址	南京市西康路1号（邮编：210098）
电　　　话	（025）83737852（总编室）
	（025）83722833（营销部）
经　　　销	全国新华书店
印　　　刷	三河市双峰印刷装订有限公司
开　　　本	880mm×1230mm　1/32
印　　　张	7.125
字　　　数	159千字
版　　　次	2021年1月第1版
印　　　次	2021年1月第1次印刷
定　　　价	69.80元

《大师讲堂》系列丛书
▶ 总序

/ 吴伯雄

梁启超说:"学术思想之在一国,犹人之有精神也。"的确,学术的盛衰,关乎一个民族的精神气象与文化氛围。民国是一个动荡不安的时代,内忧外患,较之晚清,更为剧烈,中华民族几乎已经濒临亡国灭种的边缘。而就是在这样日月无光的民国时代,却涌现出了一批批大师,他们不但具有坚实的旧学基础,也具备超前的新学眼光。加之前代学术的遗产,西方思想的启发,古义今情,交相辉映,西学中学,融合创新。因此,民国是一个大师辈出的时代,梁启超、康有为、严复、王国维、鲁迅、胡适、冯友兰、余嘉锡、陈垣、钱穆、刘师培、马一浮、熊十力、顾颉刚、赵元任、汤用彤、刘文典、罗根泽……单是这一串串的人名,就足以使后来的学人心折骨惊,高山仰止。而他们在史学、哲学、文学、考古学、民俗学、教育学等各个领域所取得的成就,更是创造出了一个异彩纷呈的学术局面。

岁月如轮,大师已矣,我们已无法起大师于九原之下,领教大师们的学术文章。但是,"世无其人,归而求之吾书"(程子语)。

大师虽已远去，他们留下的皇皇巨著，却可以供后人时时研读。时时从中悬想其风采，吸取其力量，不断自勉，不断奋进。诚如古人所说："圣贤备黄卷中，舍此安求？"有鉴于此，我们从卷帙浩繁的民国大师著作当中，精心编选出版了这一套"大师讲堂系列丛书"，分辑印行，以飨读者。原书初版多为繁体字竖排，重新排版字体转换过程当中，难免会有鲁鱼亥豕之讹，还望读者不吝赐正。

吴伯雄，福建莆田人，1981年出生。2003年考入福建师范大学古代文学研究系，师从陈节教授。2006年获硕士学位。同年9月考入复旦大学中文系古代文学专业，师从王水照先生。2009年7月获博士学位。同年9月进入福建师范大学文学院古代文学教研室工作。推崇"博学而无所成名"。出版《论语择善》（九州出版社），《四库全书总目选》（凤凰出版社）。

目录

导言 历史研究法与社会科学 | 001

上编 社会史料研究法

第一章 史料之理论 | 013

第二章 考订之原理 | 021

第三章 史料来历之考订 | 033

第四章 诠释之考订 | 036

第五章 诚伪及正确之考订 | 044

第六章 事实之利用 | 055

第七章 事实之编比 | 066

第八章 社会科学事实之编比 | 077

第九章 并时事实之编比法 | 087

第十章 连续事实之编比法 | 098

下编　社会史研究法

第十一章　历史之种类 | 109

第十二章　社会史之现状 | 122

第十三章　社会事实之编比 | 134

第十四章　社会史之特殊困难 | 142

第十五章　社会团体之决定 | 153

第十六章　演化之研究 | 162

第十七章　各类历史联合之必要 | 173

第十八章　社会史之系统 | 183

第十九章　社会史与其他历史之连锁 | 190

第二十章　单独事实及于社会事实之影响 | 201

第二十一章　集合事实及于社会生活之影响 | 211

结论 | 219

导言 历史研究法与社会科学

一、历史研究法

——历史之性质——历史研究法之间接性质——历史之作用

历史研究法者用以构造历史之方法也。先以科学方法决定历史之事实，再用科学方法以编比之。

是故就形式理论而言，吾人似有一种科学焉，谓之历史。此种科学所研究者为某一范畴之事实，谓之历史的事实。而研究此种事实自有一种适于此种事实性质之方法——正如吾人有用化学方法研究化学事实之化学，用生物学方法研究生物学事实之生物学，或者试举一描写科学之常例，如描写动物界之动物学。历史应属一种观察之研学。而且甚至吾人似可限制历史所研究者之范畴，即历史所研究者乃"过去的"事实，而且"人类的"事实是也。动植物之过去事实不属历史范畴中；所谓"自然的历史"一观念，至今已废而不用。现代所谓历史，专指研究生存在社会中之人类而言。盖一种研究过去人类事实之科学也。

然当吾人欲在实际上明定历史之范围，且欲划分研究过去人类事实之历史学与研究现在人类事实之科学为两种科学时，吾人即知此种界限势难建设成功。盖就实际真相而论，事实本身本无所谓"历史的"性质，如生理学上或生物学上之事实然。通常所谓"历史的"一名词，仍沿袭旧义，即值得叙述之意。吾人所谓一个"历史的时日"或一个"历史的名词"，此意即在于此。然此种观念久已为人所摈弃。所有过去之事实皆系历史之一部分，战国时代赵武灵王所服之胡服，历史事实也；汉高祖在白登之围，亦历史事实也。而使历史事实值得叙述之动机尤为不可胜数。历史研究所包括者所有过去之事实也，或属政治，或属思想，或属经济，其过去也大部分为吾人所不觉。是则历史事实之意义似可定为"过去之事实"以与描写现在人类之科学相对待。殊不知此种对待在实际上断乎无法维持。所谓现在或过去并非事实内部性质上有何殊异也，此仅观察者之位置上有所不同耳。辛亥年之革命在吾人视之固属过去，在当时参预其事者观之则属现在，即昨日之国务会议已属一件过去之事实矣。

是故就事实本质而论，世间并无所谓历史的事实。所谓历史的事实仅就其位置而言。凡属现已不存无法直接观察之事实均为历史的事实也。事实本身原无历史的性质，只就认识事实之方法而论方有所谓历史的事实。故历史者非科学也，仅一种认识方法而已。

吾人于此有一研究历史之先决问题焉。现已不存之事实吾人将何由知之？试举阿房宫之焚毁为例：焚毁宫殿之项羽今已去世矣，幽居宫中之妇女今已无存矣，宫殿亦久已夷为平地矣。或再举一经济事实为例：明神宗时各地开矿之工人今已去世矣，当日主持开矿之大臣今亦已去世矣。一件事实中之各元素今已无法观察，吾人将何由明事实之真相耶？既不见行事之人，又不见出事之地，吾人将何由知其行为耶？

解决此种困难之方法有如下述。假使吾人所欲知之行为至今已无遗迹之存在，则吾人决无明了此行为之希望。然事实之已销灭者往往留其遗迹于后世，有时直接以物质形式遗下，有时则由目睹此种事实之撰人间接以著作形式遗下，而后者尤较为常有之事。此种遗迹谓之"史料"，历史研究法即研究此种史料之方法，目的在于决定此种留有遗迹之古代事实为何。历史研究法自直接观察所得之史料入手，自此以一种复杂之推理进程以达于吾人所欲知之事实。是故此种方法与其他各种科学方法根本不同。其事实研究在于根据史料而加以间接之推理，非直接之观察也。所有历史之知识均属间接之智识，故历史之为学实属推理之科学。其方法乃一种用推理进程之间接方法也。

此种方法显然不如其他科学方法之完备，盖一种权宜之计而已。吾人如能确用正当之方法——即直接之观察——则吾人必将避免此种变通方法而不用。在普通科学中如物理学、化学、生物学等，吾人即无此种习惯,盖此诸科学所研究者乃各种现象永久之通例也。故加以实验与观察即可矣。然当吾人欲明了一种演化情形时,吾人即不能不将吾人所能观察之现在事实与吾人所不能观察之过去事实两相比较。吾人因之不能不求援于间接之方法,盖唯此方可得到过去之事实也。当吾人欲明了一个范围广大之具体的浑仑时,吾人不能不综合多数之事实。例如吾人欲研究一地方之全部农业问题,各观察者仅能观察极小之一部分,不能不于个人直接智识之外再加以其他观察者之智识,即不能不以正当之观察与其他观察者所述之史料合而为一也。吾人欲研究此种史料,不能不用间接之方法,即所谓历史方法者是已。

是故根据史料之间接研究法仅能用之于二处:(一)为纵的演化之研究,(二)为横的具体浑仑之研究。

历史研究法与其他科学方法同,其作用有二:(一)研究史料以决定留有此种遗迹之过去特种事实为何;(二)事实决定之后,乃编比而成一种系统以发见各种事实间之关系。

二、社会科学

——此名词之旧义——实在之意义——社会科学之性质

何谓社会科学?

就社会一词之本义而论，则凡属研究社会事实——即社会中所产生之事实——之科学皆得谓之为社会科学。如人类所有之各种习惯（语言、风俗、营养、服制、居室、仪节、娱乐等）、理智现象（美术、科学、宗教、哲学、道德等）、政治或经济制度皆是。

孔德（Auguste Comte）所创之"社会学"一名词即根据此种寻常意义而来，以标明研究社会中一切现象之科学。斯宾塞尔（Herbert Spencer）在《群学肄言》中之所谓社会亦含此意。然为辩护社会学之范围起见，社会学家往往拔去此词原意之大部分，所留者仅模糊影响之意义而已。星美尔（Simmel）曾欲重新明定社会学为各种社会中共同抽象之现象的研究。

社会学一名词为哲学家所发明，其意盖欲以一名词概括各种独立之科学于一个综合哲学观念之下。社会科学一词之所指，大体亦属此同样之各种研究。专门家所以引用此名词而又不含浑仑观念者，盖欲应付一种实际上之需要。此词意义之必须明白确定，其实际理由亦即在此。而吾人如欲明了此词之真义，非略知此词之历史不可。

"社会的"一词在十八世纪时仍有其一般之意义，卢梭之《社约》（Contrat Social）实即一种政约也。

当十九世纪前半期，其意义始有限制，所谓"社会的"为一与"政治的"对待之名词，专指各种制度及习惯之不直接由政府所组织者而言。如家庭，如财产，如阶级等皆是。吾人至是以"社会状况"为"政府状况"之对待名词，各种制度史其原来意义即系如此。例如在战国时代各阶级之描述，如庶人、商人、世卿等，属于"社会的"状况，政府与军队则属诸"政治的"状况。就此种意义而论，所谓社会历史应为一种阶级、特权、各级人员及其关系之研究，以及私人结合如家庭之类之历史。

至十九世纪后半期，此词之意义渐广而另含新义。其时研究人类之新科学开始发生，此词遂被移用于诸新科学之上。当吾人对于社会及社会现象尚未有明确之观念时，已有数种研究人类社会科学之构成。就中有产自历史者，盖历史仍系一种过去事实之混乱研究，为政治行为及制度之科学而杂以学术及考古学者也；其他则为某种实际研究之渐变为历史者，如神学之变为宗教史，法学之变为法律史，修词学及哲学之变为文学史及哲学史，美术之变为美术史是也。此各种科学自始即各有其专门家，遂各组成一种独立之科学而标以特殊之名称。

研究社会之科学其组成为最迟，乃在十九世纪耳，虽标名曰"社会的"，其实质盖早已成墟矣。此词意义之所以如此隘狭，其理由即在于此。假使吾人自所有研究广义社会现象之科学中提去所有从前已成专门科学之各支，其残留之物即现代吾人所谓"社会科学"也。

构成社会科学之研究计有三类，其源甚远而卒至合流。

其中一类由根据科学方法之一种统计学而产生。最初之努力为十七世纪末年配第（Petty）之著作及死亡统计表。然吾人须知欲以有系统之方法研究数目，并欲自数目研究中得到一般之结论，则吾人所能应用之数目必须完备而且必须与各种不同之现象有关。此种工作近日方始开端，而其他各支则早已成为特殊之历史。而且此种工作之开始并不在研究科学之大学中。当吾人初次晓然于统计学之重要时，吾人曾欲予以一名以定其在科学中之位置。开德雷（Quételet）于一八三二年出版一文曰《吾人对于限制社会元素之原因有衡量其影响之可能》(*Sur la Possibilité de Mesurer l'Influence des Causes qui modifient les Eléments Sociaux*)，一八三五年又发表其《社会物理论》(Essai de Physique Sociale)。自此统计学遂列入科学之林。当统计学再分支派时，其主要之一支即为人口学，人口一词意义之隘狭盖正与社会一词同。

其另一类之范围最广，盖自研究经济现象及经济制度（生产、交换、分配）而来，生产方面（关于专门技术史之地位吾人殊为难定）及消费方面（营养、服制、居室、费用）其界限均不甚明。此种研究之名曰政治经济学者甚久。唯此词之意有限于理论之倾向，此盖经济学之雏形也。他日对于现在现象之描写渐以观察方法建设而成为社会科学。

此种意义上之离异适当社会主义派发现之时，而且似受此派之影响而产生者也。其根本观念以为经济组织为一切社会之基础，所谓改良社会即改良经济制度，此说也"马克思信徒"持之尤力。其他社会事实则均置之第二位，不仅理智上及宗教上之事实为然，甚至政治上之事实亦复如此。此辈曾要求政治改革为经济改革之前提而终无结果，即此足证经济组织仍不能不受政治制度之驾驭。据社会主义者之意，所谓"社会的"事实纯属经济的事实。而此辈即应用此种意义于社会科学中,所谓"社会科学"者乃渐变为经济科学之别名矣。

第三类之性质完全与上述二类不同。研究经济现象者同时不能不研究经济上之假说及原理以为经济改良及革命之备。于是昔日与哲学史、科学史混合之原理史至是乃分离而独树一帜。此即社会科学中第三类之经济原理及计划史所由来也。

是故现代社会科学所包括者为:

(一)统计科学,包括人口学。

(二)经济生活科学。

(三)经济原理及计划史。

一八九〇年德国出版之《政治学小词书》(*Handwörterbuch der Staatswissenschaften*)即以上述之意义为其范围,以为自有"国家社会主义"以来,"国家"一词另具新义而与"社会"同。英国之马约斯密(Mayo-Smith)视人口学与政治经济学之二种研究为一物(《统计与社会学》,一八九五年)。一八七三年后德国之社会政治协会(Verein für Sozialpolitik)其意义亦即如此。随此而起者为一八九六年斯坦姆汉麦(Stammhammer)之《社会政治书目》(*Bibliographie der Sozialpolitik*),法国香白伦伯爵(Comte de Chambrum)之"社会博物院""社会科学院",以及"社会研究高等学校"等名词中"社会"一词之意亦即如此。

是则就现代实际上之习惯而论,所谓社会科学仅限于现象之一部分也。

社会科学之性质实甚混杂，合(一)经济行为及制度之研究，(二)人类行为及制度之统计，(三)原理史等三者而成。其中仅有一种共同之性质，即其所研究者皆属与人类物质利害有关之现象是也。

此种现象可分为二类，而与其中之二种科学相应。（一）现象之属诸身体、数目、性别、年龄、卫生、疾病及生死者，皆人口学之对象也。（二）经济现象，如以生产、分配、消费等为目的之人类与物质之种种关系，此则属诸广义经济学之范围者也。其界限不能绝对分明。经济事实中有纯属理智上者，如财务行政是；然仍被视为社会科学者则以其与交换上之物质现象有密切之关系故也。然社会科学所研究之事实，其一般性质均属物质之事实，吾人欲以物质的观察法加以研究者也。

三、社会科学中历史研究法之必要

——对于现代现象之研究——对于现象演化之研究

吾人至此可知在此种意义中之历史研究法对于在此种意义中之社会科学，何以为必不可少之物。

（一）所有社会科学，无论其为人口学、经济学，必须直接观察现象而后方能构成。然实际上现象观察之范围往往极其有限。吾人欲求得广大之智识，非求援于间接的方法不可，即史料是也，而研究史料当然不能不用历史研究法。无论此种史料或成于汉武帝时代，或成于现代，其研究方法则同，或至少研究之根本原则必同。是故吾人虽欲利用现代史料而适当无误，亦非应用历史研究法不为功矣。

（二）所有社会科学所能应用之现象并非永远不变者也，吾人如欲了解其性质，非先明了其演化情形不可。即如人口学上最简单之事——人数——吾人如欲得一科学上之智识亦以演化为主要之元素。经济生活上之演化吾人尤有明了之必要，盖各种经济组织之性质非研究其过去之历史不能了解也。此为过去社会现象之一种历史的研究，而此种研究唯有用历史研究法方可。

是故吾人为解释史料计，必须应用历史研究法于社会科学上。盖社会科学之研究多以史料为根据，社会科学之智识多用间接方法得来者也（实际几乎所有社会科学上之事实均用间接方法得来）。当事实集合之后，吾人不能不用与历史研究法相仿之方法以编比之，盖社会科学上之事实几全用历史的进程得来而组成一种有系统之浑仑者也。

上编

社会史料研究法

第一章 史料之理论

一、史料之性质

——史料为一种过去行为之遗迹——产生史料各种必要工作之解析：文笔，语言，思想，信仰，智识；各种工作与实际真相之连锁。

一种史料如何能使吾人获得对于一件事实之智识乎？史料与事实间其有一定之关系足以使明了史料者可因之而明了事实乎？如史料而能供给过去之消息，则史料本身必系过去事实所留之一种遗迹。对于研究过去事实之历史家，史料固一种消息也。遗迹之种类有二：一属直接，一属间接。吾人须分别研究之。

直接之遗迹为实物，例如建筑物、机器等，为过去人类活动之产品，可助吾人直接明了此种活动之为何。当吾人欲明了一种实业之方法或其产品时，吾人可以利用直接之遗迹如材料或工具皆是。

工艺史之史料即系如此。然社会科学并无此类之研究，而且此即社会科学特有之性质也。盖社会科学所研究者为社会现象，而其根本之对象则为实物，人口学所研究者为人体之分配及物质上之事实，经济学所研究者为财富之生产与分配。然社会科学与真正物质部分之现象完全分离，人体之研究让诸人类学或人种学为之，工业方法之研究则让诸机械学为之。社会科学所研究者非属于人体或行为之物质现象也，乃属于人体间或行为间之抽象关系也，亦即研究人体或行为之数目或各种经济制度也，换言之，即研究人与物之关系也。是故在社会科学中过去之直接遗迹实无利用之余地。

间接之遗迹为文字，吾人通常专称之为史料。史料为物仅能使吾人直接认识撰述史料者之思想而已，盖史料仅系心理事实之遗迹也。然吾人可以凭藉史料间接以求得外部之事实。社会科学并不用另一种之史料。人口学之史料或系人口计算之元素（人数、长短、轻重及价值等之衡量），或系用算学或几何形式所表示之计算结果。经济之史料或系统计，或系制度之描述（调查、报告、专篇著作等），或系公私所定各种制度施行之规则。原理史之史料系著作家或宣传者之作品。一言以蔽之，社会科学所利用者仅文字一端而已。史料原理之得以成立其故即在于此。

文字与社会事实如何能发生关系乎？吾人欲了解此种关系——往往间接而迂远——吾人不能不分析史料所以出世之条件，而且不能不重新实现产生史料时必要之各种步骤。必如此而后吾人方知经过此种步骤以后能否在史料与事实之间寻出关系，俾吾人得以藉此

第一章 史料之理论

明了事实之真相。

此种分析工作当然抽象而烦琐，吾人为便利起见，试在社会史料中取一极简单之报告为例。试任取一种统计之报告而分析其出世之各种步骤，以达观察者直接获得此种事实之出发点，换言之，即此种书面报告成立之出发点，则吾人所得者有如下述。

吾人试取此报告，在直接方面，吾人所见者白纸上之墨迹也。此种墨迹如何产生乎？当然出诸作报告者之手。吾人于此而遇第一个中介，即文字是也；亦并于此而遇第一种错误之原因；即撰人所书之文字或有乖误，或有脱落是也。

此种墨迹并非任意下笔者也，其形式盖随一种书写制度而为观察者所深知者。由此种墨迹，吾人乃追纵观察者所欲书诸纸上之符号，在吾人所用之文字制度中，此种符号盖表示一种语言之音韵，而为撰人所能发音者。吾人于此乃遇第二个中介，即文字之符号是也；而且并遇第二个错误之原因，如撰人而不识音韵学，则此种错误之机会极多。例如不谙音韵学之人或误末为未，或误干为千，失之毫厘，谬以千里。吾人欲得其真义，非能以语音表出之不可。

语言本身不过一种心理思想上之生理符号而已。当发言之时，撰人必怀有一种思想。吾人于此乃遇第三个中介，即语言是也。吾人欲追溯撰人之思想而明了其字义，吾人不能不了解撰人所用之语言。而且于此又遇第三种错误之原因。撰人对于此种语言或不甚了解，或以习用之意义加诸外来新字之上，例如误"考订"为"批评"或误"评论"为"抨击"，皆其著例。

然在文字上所表出之思想不尽系撰人心中所信仰之思想。例如彼自谓彼之为佛教徒乃戏言耳，或谓彼之自称为百岁老人乃夸言耳之类。吾人于此乃遇第四个与第五个之中介，吾人审察其文义时，不能不追溯撰人真正所抱之观念，并藉此观念以审察撰人诚心所信仰者为何。而且于此又遇第四种与第五种错误之原因，即夸饰及诬罔是也。

吾人至是乃深入撰人之心理状态，而了然于其所信仰者为何。如吾人所欲研究者仅系原理问题，则吾人工作至此已告完成，毋庸再进，因史料已能以撰人信仰诏示吾人也。研究社会原理之历史，实际上各种步骤即止于此。

然吾人而欲了解一件外部之事实，即不能以深知撰人之信仰为已足。吾人所欲研究者则正外部事实也；而撰人或本已受人之欺罔，例如一己年岁之多少即非吾人所能自知，而纯赖他人之报告。故撰人意见之有价值与否纯视其对于事实真相有无正确知识为标准。而知识之正确与否，又视其是否由正确之观察——或亲自观察或重述他人——而来。吾人于此乃遇第六个亦即最后一个之中介，即吾人必须由撰人内心之信仰以达一种外部事实之观察。是故史料为物既经过上述一切之中介，终与科学方法上之一种行为相接——即"观察"是也。一种史料价值之高下当以其是否源出正确之观察以为断焉。

是故史学之为物根本上似与所有观察之科学相仿，历史研究法似亦以其他所有科学方法上之原理为根据，盖史料终系一种事实之观察也。当天文家在观象台中,或化学家在实验室中从事观察而笔之于书,其观察似与史料无异,盖亦一种调查之报告也。然普通并不以"史料"二字加诸科学观察报告之上,此中盖有理由焉。史料与观察盖有一实际上不同之点焉。此所谓不同之点并不若通常所谓史料为一种久已不存无法观察之事实的证据,科学观察则可以再三重复行之之意。在天文学上,欲重行观察一颗流星之飞过,决不可能,然观察一颗流星飞过之书面报告则不仅一种史料而已。其不同之点实在"方法"。科学上书面报告之编纂依据一定之方法,严密而固定者也,至于史料之编纂初无一定之方法,其性质盖与实验室中助手之报告相同也。

是故吾人自手稿以追溯各种步骤,其必要者有如下述:(一)撰人笔记报告时有一种用手的行为,(二)在撰人心理中有一种对于书写符号之观念,(三)在同样心理中有一种代表文字之声音,(四)撰人所述有文义之文句,(五)撰人所已了解之文义的观念,(六)撰人所抱而且易流于错误之信仰,(七)撰人根据观察事实所得之直接知识。假使撰人之知识得自第二手,假使撰人所述者不出诸亲身之观察而重复他人之所述,则在上述之最后二种步骤间,并可插入另一个中介,即撰人所述者乃此中介观察所得之报告也,而撰人对之并须经过上述之各种同样步骤。

如吾人工作所施者已非手稿而系板本,则更加上一层困难。板本所代表者为根据手稿而来之一种印刷行为。是故欲追溯一种手稿,非经过印刷术上所有之理智作用不可。于此乃发生二种重叠之工作。

然第一种工作在实际上无甚关系，盖印刷术之状况极便于观察且便于重复试验也；而且印刷时其清样必曾经撰人自身之校对。

是故吾人如欲自一种史料中获得一种事实之知识，吾人必须将所有介于其间之各种步骤重演一番，即设身处地抱撰人之心理而产生之而且将所有连贯之行为一一表出之是也。至少吾人当注意各种步骤间关系之起点，即事实是也。而欲决定起点与终点之关系，则唯有此法而已，所谓终点，即史料是也。

实际上在此种自事实以至史料之连锁中，史料为撰人工作之终点而为吾人工作之起点；事实则为撰人工作之起点而为吾人工作之终点。吾人所能观察者唯此二种实质而已。其为物也无异练条上两极端之二环，其一为撰人所曾观察之事实，其一为撰人所陈述与吾人所能观察之史料。所有介乎其间之诸环，如信仰、观念、语言等，均属诸心理状况，吾人不能直接以观察施之，吾人仅能以吾人固有内心状况用比论以测度之，盖吾人直接所知者本仅吾人一己内心状况而已也。历史研究法所以纯属一种"根据比论的心理解释"，其理由即在于此。社会科学之构成既纯赖史料，则社会科学本身之不能不屈居于一种心理方法之下固可断言者矣。

二、史料之来历

——知人论世之必要——决定来历之各种步骤

吾人如欲根据史料以求得知识,其条件如何?史料价值之高下纯视其与吾人所欲明了之事实有无关系。吾人以幻想中人物为材料而著成之报告,无论其情景如何逼真,文笔如何生动,终以内中消息纯属想像之故,吾人决不能称之为史料也。

在报告与吾人所欲研究之一人之间必有一种真正之关系。然仅有关系之存在尚未为足也,必也此种关系能为吾人所深知。撰人所编之报告虽入吾人手中,然若吾人不知其著作之时日与地方,则此种报告对于吾人即无价值之可言,盖吾人不能藉以溯明各种正确之真相也。如欲使史料成为有用之物,吾人必须了然于此种史料与何种事实有关;换言之,即撰人在何种状况中著作此种史,吾人必须了然于著作之在何时,在何地,并著者为谁,此即吾人所谓"来历"者是也。吾人对于史料所施之一切工作,必先自决定来历入手。

此种论世知人之工作为历史研究法上必不可缺之一部分,在史学工作上占有一极重要之地位。吾人研究过去甚久之事实时尤为如此。盖过去甚久之史料往往或因转辗传抄,或因时地不明,或因撰人名氏不著,或甚至因后人伪造假托之故,已非复本来面目。考订工作之大部分在于恢复史料之原状，解除史料之讹误，以及决定史料之来源。此系一种不可或缺之廓清作用，以免陷入极大谬误之危险；然于吾人之知识初无积极之增加。社会科学之工作通常皆限于当代，故对于此种外部之考订工夫往往可以省去。史料之上往往标明正确之来历，如出版时日，出版地方，撰人姓氏，甚至纂辑情形亦复详述于序文中。考订来历工作于此几无利用之余地。故在实际上考订来历之工作仅限于二种情形之中：

（一）吾人怀疑史料所标著作之时日或撰人之名氏不尽真确；史料内容与表面所标者显然矛盾；或外部所表消息颇觉不伦。如吾人曾知撰人本身对于某事自称躬逢其盛而实则并未亲身加以调查，或撰人所作报告中之文句与其寻常所用者不类，皆其例也。

吾人于此必须研究外部之消息以便明了史料真正之来历，或分析史料以发见内部之矛盾及真正来历之线索。吾人于此仅用历史考订法已足。总之，当吾人研究史料来历时，吾人必须自怀疑入手，如欲不加考订而利用之，则并须预向读者声明也。

（二）史料似非出诸一人之手笔（官书往往如此），吾人怀疑各撰人各抱互相矛盾之意见，或其所用方法各有不同之价值，吾人于此必须明了各撰人之工作如何划分，并须竭力辨别各撰人所任之部分。否则吾人对于无法辨明之部分决不可加以轻信，如不能不利用时亦须特加声明也。

第二章 考订之原理

一、考订之必要

——轻信之自然倾向,轻信之动机

史料为一种物质上之产品,然同时亦属一种象征。其价值之高下视其能否以象征代表撰人精神所贯之各种步骤以为断。所有此种步骤均属心理作用也。而且即在最有利之情形中,其起点终属一种绝无系统之观察,超出科学观察之规则以外。一种史料即属最佳者亦仅各种理智作用最后之一端而已,其起点终属一种不充分之观察。

是故吾人若视史料为一种科学上之观察则谬误极大。当利用一种史料以前,吾人不能不谨受特种之告诫。此种告诫即构成历史研究法之前半部者也,亦即所谓"考订"者是也,换言之,即史料价值之估定也。

此种考订工夫，在历史上吾人固知其必不可缺矣，在社会科学中其亦有必要乎？吾人欲解答此问题，当以吾人研究此种科学之目的如何以为断。如吾人之志愿仅在谋利，则考订工夫非徒无益而且有害者也。盖如吾人著书之目的在于产生一种印象于公众之上，或欲使之深信某一种实际政策之利弊，或欲使之震惊吾人学问之赅博，则最要一着即在藉口于与其过废毋宁过存之理由，出版其大而无当，外强中干之作品。盖一般读者甚至具有学识之一般读者，对于一种例如统计之著作，不特无暇亦且无意以证实其价值之如何；而搜集材料之时间，且将为考订工夫所虚费也。不特此也，考订之业并不能增加固有之证据，仅能淘汰虚妄之证据；并不能增加已有之观念，仅能肃清错误之观念。故吾人所得之成绩，永属消极之一方。一般读者对于社会科学仅赏鉴其量而已，盖量者一望可知者也，实无暇以辨别其质。彼读者初不辨何者为极意经营之著述，何者为自欺欺人之作品也。是故舍考订工夫而不为，其利甚钜。盖一方可以节省时间，一方又无材料减少之虞也。吾人不甚乐于统计之利用，此盖最要之一因。

吾人欲求考订之有用，唯有抱科学眼光，力求真理，并辨明讹误而后可。考订之不可或缺盖即在此种情形中时也。盖吾人欲自史料中求得条理井然之真理，可以颠扑不破而成为所谓"科学的"真理者，唯有考订之一法。是故吾人于从事考订以前，有一先决问题焉：吾人其能不顾成败利钝以求得科学真理为目的乎？或吾人其以行贾手段欲激起大众之注意而获得实利与虚名乎？此外尚有一属诸良心上之一问题焉：吾人果欲为谋利起见，以腐败之商品售诸大众而不令彼知之乎？吾人考订一种社会科学之作品，亦可以同样之问题施之。是故吾人欲明了一种著作之科学价值如何，只须提出下列之问题：撰人之目的在谋利乎，抑在学问乎？或问：撰人对于此种科学所抱之目的，其高尚或鄙劣之程度如何？吾人对于此种著作之信仰，将即以此种程度之高下为标准。

吾人如果真欲获得科学之结果，非先事了然于考订工作之必要不可，此固世人共喻之原则也。然诚如英国卡来尔所云，此实知易行难之原则之一。盖考订精神本与人类理智上之自然倾向相反，人类之自然倾向为轻信他人之所言。人有所言，吾必信之，对于文字所传者尤深信不疑，对于以数目表出者更易轻信，如系官书则更视为颠扑不破者矣。是故实行考订无异应用一种与自然思想相反之思想方法，一种反乎自然之心理态度也。吾人对于历史著作中之各点既须处处加以考订，则此种反乎自然之态度非使之成为吾人组织中必不可缺之习惯不可。吾人如欲达到此目的，纯赖吾人之努力。落水之人，其自然运动适足以使之沉沦于水底。所谓学习游泳，即在获得一种习惯以抵抗此种自然之运动而培养反乎自然之运动。

当吾人浏览一种史料时，吾人之自然运动即为深信史料中之所述。所谓学习考订，即在获得一种习惯以抵抗自然之轻信习惯，而审察史料之内涵。是故考订之业，其为事与游泳同，非勤事练习不为功也。

吾人于此仅能略述考订事业上应有之各种步骤。吾人所处之地位正与游泳教师同,仅能以各种运动诏示学子而已,至于各种运动之练习,则学子分内事而非教师之责也。

吾人切须注意抵抗游水时之自然运动也。就历史上一般之经验而论,人类之轻信习惯实出诸自然,吾人每深信他人之所述而不愿加以深考。考订之光明数千年来在中国仅三现而已,一为东汉之王充,二为南宋之"理学家",三为清初之"汉学家"。其在西洋,则仅一现而已,而且仅现于一地,即希腊是也。吾人对于人类中此种普遍之轻信习惯,其动机为何,试加分析,固甚为有益者也。

(一)最普通之动机为吾人精神之混乱。吾人生平或耳闻人言,或浏览书籍,或自耳闻与读书而想像某种之事实,因此形成之印象每与自他处得来之印象混而不分。欲加辨别,非努力于记忆不为功;而凡属必须努力之行为几皆与自然之习惯相反。是故人类之自然倾向为轻信入其心中之一切事物,初无暇辨其为自个人观察而来,抑由他人转述所得。

(二)其次极普通之动机,为吾人对于书籍之尊重,对于印刷之书籍尤其如此。最著之例之随处可见者,即吾人轻信报纸是也。以文字传达之思想每有一种不可抵抗之威权,印刷品尤甚。有时虽博学之士,对于报纸固深知其不可尽信者,偶不经意,亦往往不免生过度之尊重心,甚或完全加以轻信焉。

(三)由数目产生之特殊印象,在社会科学中尤为重要。盖数目之为物具有算学之形式,常人每易误视为科学上之事实。吾人之自然倾向每混"切实"与"正确"而为一。模糊之观念决不能求绝对之正确。吾人鉴于模糊与正确之相反也，遂误以正确为与切实本相等。殊不知消息愈切实，则其可信之程度愈低。例如吾人谓上海人口现有二五三六六三七人，此种数目可谓切实矣，较之"二百五十余万"一语切实多矣，然其去真相也反愈远。西谚常谓"不仁如数目"，其意盖与"无情的真理"同，以为数目之为物实真理形式之最完备者。吾人又常谓："此数目也，可以证之"，抑若凡具算学形式之言必系真实可信者然。当多种数目用算学方式联成一气时，此种轻信倾向尤为强固。盖算学方式原合乎科学而且一定不移，吾人遂将自此种信仰得来之印象推及于此种方式所施之事实之上。是故考订家如欲明了数目中之观察不尽可恃，必须努力辨明给予数目以价值者究为何物。德国莫尔豪尔（Mulhall）所著《世界进步》一书以极切实之数目叙述各国之财富，盖一种未曾证实，纯凭幻想之统计也，而竟能取信时人，风行一世，实此种错觉有以致之矣。

（四）吾人对于政治界或科学界之当局，如国务之各部，如统计之机关，或学术之团体，莫不感有自然之尊重。凡此种机关中人所编订之公牍皆具有一种半魔之性质，一旦正式公布，立即变成"可以征信"之史料。殊不知此种可以征信之性质来自行为之形式，初非源诸行为之内容，吾人之轻信之也盖徒震其形式而已，未必因其精神真有可信之道在也。殊不知公牍中之所发表者通常皆未加证实者也。吾人往往混"可以征信"与正确为一谈。有时吾人即在议会中亦每误指业已成立之事实为"可以征信"之事实。吾人如欲销灭此种误会之习惯，非改变精神之方向而加意培养之不可。考订专家或博学大家中亦有永不能为此者,若辈尊重当局之习惯已深,必欲其怀疑当局所主持之行为,几与命其革命无异,将甚感苦痛也。

(五)动机中之最强有力者,允推人类生性之懒惰。考订之业当然较直受不疑为艰难,此在考订需时之科学工作尤其如此。故吾人最强之倾向每视史料为由科学观察而来,只须选其可用者而编比成章,即为尽责。"吾生也有涯,而知也无涯"(Vita brevis, ars longa),以有涯而追无涯,岂不殆哉?故为缩短求知之时间起见,竟不惜牺牲考订工夫而废置之,以冀工作之速成焉。

(六)最后尚有前曾述及之营业动机焉,学者因此往往丝毫不愿牺牲其材料,而且贪多务得,并蓄兼收。盖凡属可以收容之材料,若竟多费时间以减少其数量,其不合谋利之目的显而易见。唯利是图之市侩对于商品之已腐败者,如尚可陈诸肆中,决不愿弃之不顾也,盖若辈深知购物者对于此种腐败之商品决不至加以精细之检查也,而世之陋儒对于此种动机,至少就营业上之利害论,固初无忏悔之必要矣。

是故吾人而能明了此种无意识之动机为何,实为有益,盖如是而后方能恍然于意识之检查实系必要之举,而对于各种外界之诱惑与夫自然之倾向亦均能加以先事之预防也。吾人如能将此种知识播诸大众,为益尤钜,盖此种知识足以造成舆论以制裁无意识之著作家而惩罚贻误读者之著作也。

吾国现在之学术界正当青黄不接之秋,几无学术之可言,更何有于学术界之舆论?西洋各国之学术发达者多有史学评论或文学评论等定期刊物之出世，此种舆论业已造成。自欺欺人贻误读者之著作每因慑于公正舆论之监视而不敢出版，盖即此类刊物之威力有以致之。唯关于社会科学方面之此种学术警察则略较疏懒。然以视吾国学术界之混乱无序，则仍属彼善于此矣。

二、考订之雏形

——证据观念，司法证据理论之不足，分析之必要

当吾人离开轻信之自然状况时，吾人乃始入于考订之域。然有统系之进程仍未可以一蹴而冀也。考订雏形盖甚影响而模糊。吾人鉴于昔日尝受毫无价值之史料所欺也，乃始注意于史料真伪之辨别，而对于假伪之史料亦已抱绝对排斥之决心。吾人在一束调查报告中一旦发见显然伪造之痕迹，则对于全部报告均予以怀疑，因其出诸不可信赖之人之手笔也。

世人不察，每以此与司法机关之习惯相联络，而产生史料上所谓证据之理论。此种理论所依据之观念乃为证人之中有善恶之分。凡明悉实情而且愿意直言不讳者，乃证人之优良而可恃者也，盖诚信而熟悉情形之人也，至于不善之证人则系口是心非，昧于实情之辈，既不明事实之真相，又复不愿以其所知者告人。此种区别最初盖适用于人。当吾人移用此种区别于文字之上时，吾人亦与司法上

之分别证人然，根据撰人以分别史料：一方面为可信之史料，一方面为可疑之史料；法官判决必受证人所言之限制，此盖司法上之旧观念也。此外并另有一司法观念焉与之相联，即凡属可以征信——即官样——之行为，因其具有此种形式之故，吾人必须承受；至于不合形式之史料必须排斥。此种观念实完全不合科学精神者也。当吾人将此种观念引入历史上考订之业中时，吾人实已忘却学术问题与司法事件之截然不同而混之为一矣。

（一）司法事件之中必有两造。为法官者无论如何必在两造之间断其是非。此种平衡必以倾于一端为归束。因有此种实际之必要，故不能不建立习惯上之标准：即凡属可以征信之行为，或即系可以承受之证据是也。此种标准所在之地，即为平衡所倾之一方。即此已足以断定曲直而下判决书，盖此系外部之决定而非内部之信心也。至于科学则不然。吾人决无必须解答某一问题之必要，而且在断定某事之先必完全明了其真相为何。吾人对于一种科学问题所持之态度不止二而有三：即"是，否，及吾不知情"是也。是故假使一种行为或一种证据不足以为断定之根据时，吾人可以——而且必须——中止其判决。若将科学上之证据视同司法上之证据，危险实甚，盖假使吾人对于某一问题仅有一种史料，则对于此种单独而并不矛盾之陈述欲维持怀疑之态度，将与不信证人之言而侮辱之者无以异，实为困难也。是故吾人只得宣言：吾人既无怀疑证人之理由，则吾人不得不依以断定。殊不知在科学上而欲解决一问题，非先有正确之证据不可，而且必须宣言：吾人既无断定之理由，故非怀疑不可。

在司法上所谓怀疑实与深信两造中之一造无异,而在科学上则怀疑之结果必属暂时之否定也。

（二）在司法上两造之间盖与决斗无异,不能不屈服于进攻与防御规则之下。一造提出一种证据或产生一种行为时,另一造必须提出一种相反之证据或相反之行为,否则即归失败。此种规则如应用于历史范围之中,即成为此种科学之桎梏。实则此种规则之目的无异以一种优越之地位给予最初发表之意见,显然以为此种意见在相反之证据尚未提出以前,吾人不能不暂时承受之。至于在科学上,则凡属未曾证实之意见,均应暂时排斥者也。当吾人应用此种规则于史料上时,尤为危险。吾人对于观察不正确之史料,觉其可疑,自当暂时放弃,然因受此种优越地位之规则之影响,不能不视为可恃之史料而认其所述为正确。一旦证实此种史料为无价值时,则所有编比之功均将废于顷刻,其足以阻碍历史著述之业固甚大也。

（三）在司法上,吾人只须决定一个问题,而此问题之范围又复受事件之限制。吾人之承受或排斥证据也,均就其全部而言。至于科学,则问题之量几不可以数计。通常同一证人可陈述千万件之事实。一纸统计表,一本调查录或一种史料,往往含有各种不同之消息。司法上之原理在于考查整个之证据。至于历史之考订则不能不用相反之进程而分析史料为极其精微之原素。因每一原素代表撰人完全不同之心理作用,而撰人心理作用所予各原素之消息,其价值亦完全不同者也。欺人之史料中往往含有切实可信之概念。商人之作伪者可以伪造价格,而其售出地面之大小则或极其正确无误焉。

此固寻常事也。

吾人于此可得三种规则焉以与司法上之规则相对待：（一）考订者必有健全之理由，方可断定或否认某事之真确；否则唯有中止其结论。（二）考订者若无充分之理由，对于先入之言决不可加以重视，在科学上成见之为物原无立足之余地也。（三）考订工作之进行必自分析史料始。

三、分析

分析者将史料分解至无可再分之原素之谓也。原素之为物随吾人所欲研究之事实种类而不同。关于语言者，吾人应直达以至于单字，或甚至达于构成单字之部首。关于概念者，吾人应直达以至于观念及构成单句之意象，不仅达于初步之判断而已，并且达于暗比。关于外部事实者（此为社会科学之正当范围），最后之原素并非事实之全部，而为事实必具之条件——时期、地点、当事人、数目，等等——存在之确定。例如"樊哙者，沛人也，以屠狗为事。与高祖俱隐"。此语所含之原素显然有四，一为其名氏，二为其居处，三为其职业，四为其境遇。吾人于此必须一一加以考查以决定司马迁将此四种原素引入史料中时，其进程是否无误；盖彼之观察此四种原素有误有不误也。彼谓樊哙以屠狗为事或可以有充分之理由，

第二章 考订之原理

而谓其与汉高祖俱隐,则或竟纯属无根之谈亦未可知也。

吾人至此乃知历史研究法与直接观察之科学方法实根本不同。历史研究法所运用之史料仅系一种间接知识之中介而已。夫吾人如追随史料所以形成之各种步骤,亦可上溯至直接观察之一步;而在一种观察科学中,此种观察实际上亦具有书面之形式,与史料极其相似。是则吾人正可以同样方法应付之矣。然在事实上,吾人所取之观察报告系出诸另一学者之手,往往不再加考订功夫即用以为断定之根据。实际上吾人只求了解何书为佳何书为劣,即以为满足,吾人之承受或排斥某种观察,亦往往视观察者之意见为转移。此种进程与前面所述证据之考订相同,即整个之判断是也。此种方法在科学上何以谓之合理,而在历史上则否?吾人何以应用考订方法于史料而不应用于经验所得之书面报告?

此盖因观察与史料间实际上有一不同之点在。所谓观察者乃根据精密与固定之规则施以观察与纪录之史料也。因有此种规则之故,观察者对于所观察之事实不能不加以精密之分析,对于所得之印象亦不能不加以谨严之考订。分析与考订之工作皆已由观察者于观察之际实行之。故吾人只须考查观察者之工作是否优美,换言之,即观察者之应用规则是否适当,即为已足,而经过此种考查之后即可以整个承受或排斥其作品矣。

至于史料则不然,盖一种不根据规则而来之观察也。史料所含之各种原素本可用各种不同之方法以得之,故吾人对之不能不加以原素之分析,以探究获得各原素之各种方法是否无误。当观察时,观察者既未尝实施此种必要之工作，则吾人不能不将此种工作施诸史料，此即考订家之分内事也。历史所能运用者仅史料而已。社会科学既未能规划一种科学方法明定搜集社会消息之精密规则，则亦唯有与历史同其地位。故社会科学与历史同，固未能放弃分析与考订之两种工作而不为也。

四、考订之步骤

考订工作实际上可分为三步，吾人可以下列之名目标明之：

（一）诠释之考订，即决定史料意义——撰人概念——之工作也。

（二）诚伪之考订，即考查撰人所述之为诚为伪，以便断定其对于所述各端之信仰为何。

（三）正确之考订，即考查撰人之是否自欺，其观察是否无误，以便断定其所述外部事实之是否正确。吾人于此尚有一初步之基本工作焉，即史料来历之考订是也，目的在于断定编纂史料者之为谁。

第三章 史料来历之考订

一、史料来历之考订之条件

凡属以史料为研究根据之社会科学,均可以前章所讨论之考订原理适用之。

第一步之工作即为史料来历之考订。此种工作施诸古代史料,费力而困难,施诸现代史料则大体甚为简易。此种工作之全部在于明了史料构成之方法为何。其在今日,所有最必要之消息——如时期、地点、撰人名氏及其性质——大抵皆已在史料中详细标明。吾人所应过问者,仅在此种标明之是否正确而已。大抵自印刷术发明以来,出版组织与目录之学均日臻完备,故史料中所标明之消息已不如昔日之伪造,大体皆可以信赖矣。

然轻微之作伪与有意之失实仍在所不免,此于出版时日与撰人名氏尤为显著。吾人对此既已无法可以考订,故不如视为较近真相之消息之为愈。吾人见一标明 1928 年出版之书,不遂可断定其不在 1927 年出版也。

吾人对于撰人著作地方、著作时日以及著作环境之各种情形,均宜明了。吾人应知在此种地方,当此种时代,处此种环境,其通常失实之习惯为何;因此并推知何种来历之标明其失实之机会较夥。此种观念固极模糊,然吾人已不能再为更具体之说明,而此种研究亦仅能产生一种模糊之怀疑态度而已。然此种怀疑态度如自始即抱诸胸中,应与史料之研究相为终始,而且对于史料上来历标明之真伪亦易于发见。盖史料内容与书前所标明时期、地点及撰人名氏之间如有矛盾之处,即可以立见也。

实际上吾人如以应付古代史料之方法适用诸现代史料之上,殊不合理。吾人在纂辑古代史料之先,必先读其全部而研究之以探讨其有无矛盾之处及足以决定来历之详情。至于现在史料之有需于此种功夫者实为罕见。然在社会科学之中,此种工作之范围实甚广大,且吾人所得之专家为数又少,故考订史料来历之举,只可由利用史料者自为之。其实此种工作仅限于证实史料前面所有之标目而已。故吾人只须于阅读史料时,存心注意其内容所述与其所标明之来历有无矛盾之处,即可了事矣。

二、社会科学材料上之特殊困难

知人论世之道之最为困难者,为决定官书真正撰人之为谁。盖官书出版往往不著撰人名氏或即由出版官书之机关首领署名,而实际上则每出诸其属员之手笔。刘知幾尝谓:"近代趋竞之士,尤喜居于史职。至于措辞下书者,十无一二焉。既而书成缮写,则署名同献;爵赏既行,则攘袂争受。遂使是非无准,真伪相杂。生则厚诬当时,死则致惑来代。"其意亦正在此。

至于统计材料,则其出诸众人之手殆可断言;盖以一人而观察如许之事物,表以如许之数目,在事实上决不可能也。假使无襄助之人为之搜集所有之消息,世上又谁能以一人而负全部调查之责者乎?

此种撰人在其所述之史料中每不留其工作经过之显著痕迹,是故吾人欲明了其活动为何,几不可能。唯吾人当阅读此种材料时,至少应注意其序文或附录中对于编辑此种史料方法之说明。吾人并须注意谁为可能之撰人,其性格及习惯如何,各人所担任者何部;此外尤应注意各人搜集消息及此次成章时所用之方法为何。如吾人对于史料构成之方法无法明了,则吾人对于此种方法未明之作品,至少当永抱怀疑态度也。

第四章 诠释之考订

一、初步之分析

——分解为原质——实际上之方法——智识之限制——进行之速度

史料来历明白之后,吾人对于史料内容之工作于是开始,即普通所谓考订者是也。考订之道厥唯析。

分析与考订,论理原属二途,然此二种工作几乎始终同时并进而且与上面所述史料之诵读、意义之说明及诠释等工作亦始终未尝分离。所有此种工作无不同时进行,故吾人几忘其为不同之行为矣。此如游水然,吾人于无意中同时表出几种运动,特吾人学习时不能不加以分解之功夫耳。当吾人实际应用此种工作时,每能自然而然,进行甚速。吾人读书每成一种习惯,而且浏览史料时每具一种考订精神。此种精神遂于无意中习惯成自然矣。

内部考订之根本原理即为凡属一种史料必系一种分析未细、考订未精之物，故吾人必须分成部分而分别考订之。是故吾人第一步之工作即为将史料分成原质。自考订眼光观之，一种原质即为史料撰人所为之一种工作，此种工作因其进行不善，故在其所述史料中不免有错误之引入。然此种考订常遇有二种困难：

（一）所谓史料，不过撰人多数理智作用之粗陋结果，然撰人又未尝示吾人以此种作用之详情。吾人在此种结果中将如何分析之乎？

（二）即使在论理学上此种分析为可能，吾人如何能有时间对于无数工作分别加以特殊之考订乎？

此二种困难实为考订方法上之根本问题。考订方法之有用与否全视其能否在实际上解决此种困难以为断。否则所谓考订方法者将始终在理论之境状中也。兹举此种方法之功用如下：

（一）吾人欲决定构成史料之各种工作，虽无特殊之消息，然吾人可自人类心理作用上一般定律之知识中得到一般之消息。吾人已知一人欲得某一种结果其必要之工作为何；盖此种工作为人类心理中所同具之特性也。吾人已知一种结果之产生至少须有下述之工作：一种观察，一种信仰，一种概念，最后乃笔之于书而成为史料。是故吾人至少可将一种史料分成三种原质而各施以不同之考订功夫，即（1）诠释之考订（2）诚伪之考订（3）正确之考订，是也。

而且吾人亦知所有史料上之断语其原质为何。一种断语必集合数个概念而成，吾人可以使之分离并确知其为一种不同心理作用之结果。吾人并亦知考订之际，须分别进行，盖每一个概念在正确上与诚伪上其价值并不相同也。在一种调查报告中，分析之形式本已备具，盖报告本系一种分门别类之问答汇编也。统计表之性质亦然。然在所有综合形式下之史料中，则非将其中所包之各断语加以分析不可。

吾人所遇之困难不在于分析撰人所举行之各种工作，盖此种工作皆发源于同一人类心理之特性中也。吾人之困难在于决定撰人如何进行其各种工作，盖实际上重要之点在于明了撰人工作之是否无误，以便断定其结果之是否正确而可以利用。吾人于此既无法以知其正确与否，亦无一定之方法可以明了撰人之如何进行，史料与科学观察之不同其故盖即在此。

吾人所能知者则撰人在某种情形中其工作之进行决不能正确无误而已。所谓某种情形即撰人对于史料中所有之事实既不能观察，又不能信仰，又不能有所感觉是也。是则史料中所记者不属错误即属诬罔，显然无裨实用，或则此种史料必系伪造而托诸撰人者也。吾人因此可以摈弃此种无用之记述于不顾而所得者乃纯系一种消极之结果。然此种结果并非毫无益处，盖吾人可因此不至为毫无价值之史料所欺也。

假使吾人已知撰人工作进行之正确无误，并无不可能之理，则吾人即可继续考订之功夫。就人类之经验而论，吾人明知撰人著述史料时所处之境遇有时利于进行而得有正确之结果，有时则否。此

第四章 诠释之考订

种境遇为人类心理中共有之状况,故吾人已深知之。是故吾人对于此种状况可以事先提出问题以审察之。对于每一种工作,吾人可问:此种工作之进行时,撰人是否在有利之境遇中可以获得正确无误之结果;抑或在不利之境遇中足以使其结果有流为谬误之机会?吾人因此可分此种工作为二类:其一为容或无误者,其一为容或错误而因之可疑者。此不过一种相对与临时之结果而已;吾人不能不更进一步以完成之。

(二)此外尚有一种骤视似难超过之困难焉,此即考订上必要工作之步骤甚多是也。吾人何能有如许时间以进行此多种之工作乎?然此种困难若细考之实不过一种错觉而已。言其原因,有如下述。以文字描写各种无意行为之工作,吾人如欲施行有意之分析,其为事也当然复杂异常。盖文字之为物极不完备,用为叙述行为之工具当然不足也。吾人如欲分析印象之进行亦复如是;吾人亦可云:谁有充分时间以追随印象进行时所必需之各种运动乎?其实吾人对于一切工作,其最迟缓之部分即为习惯之养成。欲学习一种方法,需时亦复甚久。在考订功夫之中,即为一般之分析习惯及有条理之怀疑习惯之养成。此种习惯一旦养成之后,则考订工作每能不加思索随研究而进行。浏览史料之际,吾人每能随时明了构成史料之合理原质为何,与各原质相辅而行之步骤为何。在各种原质之上,吾人自能同时施以诠释、诚伪及正确之三种考订功夫,而不必故意分别提出应有之审问,盖此种审问因屡次重复应用之后已成为自然之习惯矣。假使吾人对于史料中之文句不觉其可疑,吾人可以不加思索而继续浏览之。如吾人感觉文句之间含有一种可疑之工作，吾人即能自然而然中止其浏览之进行，吾人可表明怀疑之动机而札记之，或仅留诸脑中而不加笔述。此种详细之意见积诸片纸或书本之上，最后乃下一史料价值何如之断语。如一种史料并无令人可疑之印象，吾人即知其构成时状况之有利必与观察报告无异，然此种情形实极为罕见。如或吾人对于某几点感有可疑之印象，则此种可疑之点即可成为考订之资料矣。

实际上此种工作皆同时并进者也。如吾人有时不能不分别先后加以说明，此则纯系人类文字之不完备有以使然。兹依论理学上之次序分述各种工作进行之步骤如后。

二、诠释之考订

——语言文字——文义——迂曲之意义——此种工作之结果

第一步工作为诠释之考订，旨在断定史料撰人给予史料之意义为何，并藉以推知撰人之概念为何。此步工作盖假定吾人已知撰人所用之文字其意义为何。是则文字之为物成为诠订上之一种辅助科学。然仅知史料中文字之一般意义，尚未为足也；仅知汉文不足以考释用汉文所述之史料；盖一种文字并非一种经久不变之象征系统也。

第四章 诠释之考订

在吾人所谓一种文字之中,其意义每随时代而异,有时甚至仅隔数年其意义即为之大变。此外在一种语言之领域中,其意义亦往往随地域而异。是故当诠释一种史料时,吾人所应知者非一般之汉文也,乃史料撰人所用之汉文也。现代吾人所用之文字决不与元明时代所用者相同,唐宋两汉更无论矣。

然吾人之自然倾向每以文字为一种一成不变之符号,各有一定之意义。是故吾人于此有一初步应行注意之点焉,即以一种考订之反动对抗自然之运动是也。

实际上意义之变动在某几类文字上为尤甚。意义变化最甚者莫过于标示社会组织或概念之文字,盖此种组织或概念之界限往往明定甚难,而其演化亦较他种事实为迅速也。标示一种情感,一种概念,一种制度,或甚至一种寻常行为之文字,皆属此类。吾人所宜时时注意不容疏忽者即此类文字也。撰人用此类文字时所抱之意义为何,吾人非加以审问不可。

在统计史料中此种注意尤为必要。盖此中文字之通俗意义当其回答所有调查之问题时,往往浮泛异常,故撰人不能不用武断之意义以确定之,以便决定其所调查之实际事究应归入何类。例如彼须问:何谓犯罪?何谓住室?何谓工人?撰人对于此种文字显然予以特殊之意义。吾人欲诠释史料中所述之文字决不能不熟谙其意义焉。

吾人究用何种方法以决定史料中文字之特殊意义乎?吾人对于史料中之文字必须视为一种素所未习之文字而对待之。最良之方法莫过于将同一史料中含有某字之章节集于一处，察其上下文之结构而审察其意义为何。然同一撰人之使用同一文字其意义亦往往各殊，故吾人对于此种字义之变化亦不能不注意者也。

以上所讨论者虽仅指单字而言，然此种原理并须适用于数个单字所构成之文句。例如"大理院"之一词，吾人欲诠释之，仅知"大""理"与"院"三字之意义决不足用，盖此三字联成一气时，其意义即焕然一新也。

吾人欲诠释撰人之思想为何，仅知文字表面之意义亦未为足也。吾人必须决定撰人之用字是否确取其表面之意义；是否并无讽刺引喻等等迂曲之意义，亦无暗比夸张等等修词学上之夸饰。实际上在社会科学之史料中迂曲之意义甚少，唯吾人对于讽刺文字最宜注意。而撰人是否常常利用文学上之作品或私人之书札，尤宜辨明，盖在此类文字中喻意或实言之文句往往甚多也。传言曰，纣非时，与三千人牛饮于酒池。夫夏官百，殷官二百，周三百。纣之所与相乐，非民必臣也，非小臣必大官。其数不能满三千人。传书家欲恶纣，故言三千人，增其实也。

迂曲意义之表现并无外部标准之可睹；在文字中每不说明其为引喻寓言或讽刺。其实人类特性往往故意埋灭喜剧外部之痕迹而不令人知。是故吾人欲探讨文字意义之是否迂曲，除将可疑部分与史料其他部分加以比较外，殆无他法。大抵文字意义不甚明了者、互相矛盾者或荒谬绝伦者，则其间即不免含有迂曲之意义者也。总之，除比较可疑部分与史部全部外，别无他种通常方法可以求得真意也。

第四章 诠释之考订

史料之意义决定以后，诠释考订之功夫即可谓告成。此种功夫之目的本在于了解撰人之观念。而撰人观念之是否正确关系史料之价值者甚大。盖凡人对于所见之事物必知之甚审而后方可叙述而无误也。是故诠释之考订者乃吾人研究撰人著述史料时所抱之观念之方法也。

第五章 诚伪及正确之考订

一、二种考订功夫之特殊条件

——诚伪，变更原因，进行方法——正确、错误之原因，发见错误之方法

诚伪之考订与正确之考订论理显系二种不同之工作，盖其目的皆在于各得一种不同之结论也。诚伪之考订无非在于决定史料撰人所笃信者为何；然所得者不过一种心理之现象，即撰人之信仰是也。正确之考订在于明了撰人观察所得之外部事实为何，故其工作直入事实之实际。有数种历史之作品只须加以诚伪之考订已足；撰人之信仰为何既经决定之后，工作即可告成功；凡主义研究之为社会科学一部分者皆属此类也。是故吾人对于此二种考订功夫之特殊条件不能不先后分别加以分析之研究。

第五章 诚伪及正确之考订

实际上对于所有外部事实之研究，此二种考订功夫并无泾渭分清之必要。实际上之目的既在决定事实真相之为何，则撰人之是否因缺少诚意或正确而以不可信之消息供给吾人，实已无甚关系。吾人所应注意者只在于决定消息之是否正确而已，而此二种考订功夫之结果则同归于一种特异之结论。是则就理而论，吾人先须研究此二种考订功夫之特殊条件，再描述其公通之作用，盖通常在实际上此二种功夫固常常合一者也。

吾人前曾述及所有考订之工作实始于分析，吾人对于史料必先事分析之功夫，即分成断语是也。吾人须将史料中所包之各独立断语分之使离而后分别研究之。吾人将知以此种记号所表示之断语必为真，其他则假，反之亦然。吾人须确明其为撰人一种独立工作之正确结果，至于其他断语则反是。吾人之考订功夫必须分别施诸此种独立断语之上也。

（一）诚伪考订所根据之原理盖一种经验中之事实也，即人类所述者有时为其所信之事实，有时亦为其所不信之事实；是故吾人，对于一人自述其所信时，决不可即据其所言而提出附和之结论；亦不可误以撰人所言者为与其所信者相符。断语与信仰之间并无固定之关系，有时言出至诚，有时则纯属诬罔，其间初无一定标准足以辨别其孰伪与孰诚也。有时吾人所谓其言甚诚者，不过一种信心之外表，或竟适足证明其人之狡猾而无耻。彼优伶之流，妄言之士，均知如何以此种印象给人。刘知幾所谓"世之述者锐志于奇：喜编次古文，撰叙今事；而巍然自谓《五经》再生，三史重出"，盖即此意。即在撰人之一般特性与其对于某一特殊事件之或诚或伪间亦初无一定之关系：有时对某一事甚诚，有时对某一事甚伪。是故吾人仅分别撰人之为诚为伪犹未为足也。

所有此种大体诊断之进程完了以后，所留者乃为正当之方法：此即分别考查各种独立之断语，或即撰人著述史料时之各种工作，并研究撰人所处之地位为何，以便明了此种地位是否足使撰人倾向于诚恳或倾向于欺人之一方，并明了吾人能否见到此种地位之影响。是故此种工作包有二种研究：（1）就大体言，撰人产生全部史料时所处之境遇如何；（2）就特别言，撰人进行其各种工作时所处之境遇为何。

此种研究所得者不过一种相对而且无定之结果。无非将撰人断语分为二类：（1）疑属诬罔者；（2）确实无疑者。然有时可疑之断语或出诸至诚，而无可怀疑之断语或竟属诬罔。故上述之结果亦仅属一种临时结论而已。

吾人如欲进行此种考订功夫，须知撰人在何种境遇中方有诬罔之倾向。此种境遇吾人可以先知，因其为人类心理中所共有之一般状况，而为心理学上经验之定律也。是故吾人可以预知撰人最易诬罔之动机为何，吾人可以列举其细目，因之可以提出一种问题施之于各独立断语之上。据吾人所知，此种方法每能习成自然而进行甚速者也。

吾人编著社会主义史，此种工作已足于用，实则在此类研究中，吾人只须决定撰人之信仰为何斯可矣。盖吾人所欲知者撰人之理智作用而已，非外部之事实也。此种工作遂变为一种作品之简单分析。唯一困难在于追溯撰人思想之演化，并发见其各种主义如何产生如何变动。吾人所用之方法即在依年代次序严密研究各种之主义。此为研究主义之历史家所忘为之事，而其实并不甚难者也。

（二）至于正确与否之考订，其问题地位与此相仿。就吾人经验而论，人类对于其所不知之事实往往津津乐道有如目睹，其立言也或毫无根据，或出于自欺，以求达于一种结论。就经验而论，人类自欺之机会实较诬罔之机会为多。盖吾人欲免自欺之病，必须多方经意，至于不出妄言则一任自然即可也。

在实际之真相与吾人所信为真确之断语间，并无一定之关系；正如吾人无诚伪之标准然，正确与否亦初无一定之标准。是故详细叙述之娓娓动人，往往适足证明撰人想象力之丰富，不过一种外貌之正确而已。一人之一般特性与其对于某一事实之正确间更无一定之关系。是故正确问题于此亦与诚伪问题同，不过一种相对之进程，旨在研究撰人所处之境遇为何，此种境遇是否足使撰人倾向于正确或自欺。吾人进行此种研究时，先就一般史料而考订之，再就各种断语而特别考订之。

此种研究所得者亦与关于诚伪问题者相同，不过一种相对与暂时之结果。吾人仅能藉此辨别何者为疑属错误，何者为正确无误而已。然此尚有一类焉：即撰人所处之境遇绝不能使之明了某一种之事实，因其无法可以获知其所述之事实是也。吾人对其所下之断语，必知其毫无价值之可言。此种结果虽属消极，然颇为明确。

二、共通之工作

——审问，史料产生之一般状况，各种工作之特殊条件，可疑之事件——结果

实际上当吾人编著历史时，吾人并无分别应用诚伪考订及正确考订二种功夫之必要，吾人不必辨别撰人所信者为何，盖吾人对于其信仰并无注意之必要也。撰人不过为吾人所欲知之外部事实之中介。是故为缩短工作时间计，尽可集二种考订工作而同时举行之也。

吾人对于撰人之观察事实及编述史料须知其进行是否无误，是否不欺，并是否不妄，此为全部考订功夫中最为困难之问题。吾人至今尚未知诬罔或诚实之心理上定律为何；即使有一人焉在吾人之目前陈其所见之事实，吾人亦无法可以断定其为诚为妄；至于撰人进行其工作之情形则吾人更绝无所知焉。唯吾人固知正确观察之规则为何，此盖观察科学之规则也。兹列举如下：

（甲）观察者始终注意观察一件界限分明之事实而思索之，事先决定其属于何类，并事先预知其行将产生，而且并只当其产生时而注意之。

（乙）观察者对于其结果并无实际上之利害关系，亦无预抱之成见。

（丙）当吾人觉有一种事实发现时，立即观察之，并依切实之系统以纪述之。

当吾人目睹一人工作时，吾人可以审察其进行之是否无误，盖吾人可以目睹其是否应用观察科学之规则也。然吾人未尝目睹史料撰人进行其工作之情形，吾人所能知者仅其进行工作时之状况决不完美；其一部分工作必系错误。是故吾人所有之问题，乃为吾人既不能目睹撰人工作之进行，则其工作无误之程度究达何等？其错误之工作为何？吾人所能希望者既仅属一种相对之解决，则对于上述问题之决难满意，可想而知。至于吾人如何能利用此种不完备之解答，后当详述，兹不先赘也。

兹略述实际上可助吾人解答上述问题之方法如下：

第一，吾人可以汇集关于撰人工作时一般状况之一般消息；吾人或得有来历考订所供给之外部消息，或得有史料内部分析所供给之知识。因之吾人应提出下列之数问题：撰人曾否以其工作之情形诏示吾人？其所予吾人之消息是否诚实？其进行时所用之方法有无痕迹之遗下？凡一般状况之足以使人进行错误者，如妄言，如武断，如自欺等，吾人最宜加以研究。是故吾人必须提出一种一般之问题以便先知人类所以作伪或错误最有力之动机为何。吾人须问：撰人有无个人或集合之利害关系足使其出言诬妄？撰人之情感上或主义上有无成见，其文字上有何种习惯足以害真？彼之工作是否具有必要知识之原质？彼知如何进行其研究之工作否？彼有目睹事实之可能否？凡此诸问题，吾人皆须代撰人答复之，而比较其结果。当吾人进行考订时，常须怀此种问题于胸中而不可或忘也。

然此种审问并不深远。盖吾人所当考订者不仅撰人及史料之一般状况而已，并须考订产生史料时撰人心理作用之各种特殊状况。然实际上此种状况不能直接探知者也。故吾人唯有根据人类心理之习惯及人类害真之习惯所得之一般知识以想象之，然吾人须知此种方法之性质纯属心理方面，决不可忘其相对而且暂时之特性也。

吾人对于撰人各种工作之以各种独立断语代表之者，应有一种审问。此种审问之工作，其始也故意笔之于书，而终成为吾人自然之习惯。

吾人试注意撰人最易作伪之情形。普通秉笔直书其所信为真确等原较妄言为便利。然撰人如果欲埋灭真相，则稍费少许之精神即可使读史料者获得一种失真之印象。是故吾人应提出撰人故意作伪之处为何，以便为分别审查其断语是否出诸至诚之用。兹列举撰人作伪之动机如下：

（一）撰人抱有实际上之目的；意欲用伪造之消息以获得其预期之结果。凡属与撰人有利害关系之断语皆属可疑者也。是故吾人必须细究撰人以此种形式叙述事实有何利害关系。吾人所宜注意者不仅个人之利害关系而已，即不易探讨之集合利害关系亦须顾及，如党派关系、宗派关系、团体关系，或民族关系皆是也。凡团体宣言及公家文牍皆属之。

（二）撰人意在编著一种公家史料，而史料必具之条件如地点、人员或时期等，适与编订此种史料之条件相反，彼既不能在史料中秉笔直书，则对于条例中所无之条件唯有作伪之一法。凡属公家史料大体如此，大部分皆属可信，而必有一部分为伪。例如法律规定某种公牍必须有二人以上之署名，则公牍中必依例书二人之名，其实真正署名者仅有一人而已。假使条例所定之时期已过，则公牍上之时日必且作伪而倒填之。如法定之副署者不在，亦必宣言其躬亲参预焉，是又一种作伪之举也。是故对于此类公牍之条例纵极严密，不特不足以担保公牍内容之正确，反足增加诬罔之机会也。

（三）撰人对于某个人、某一团体或某种观念抱有同情或反感。"盖书名竹帛，物情所竞。虽圣人无私而君子亦党。"故吾人必须决定此种个人，此种团体及此种观念之为何，然后方可了然于撰人情感作用所及于其断语之影响为何。

（四）撰人怀有个人或团体之虚荣心。吾人须决定其虚荣心为何。盖虚荣心之种类随时随地随人而不同。刘知幾所谓"上起帝王，下穷匹庶，近则朝廷之士，远则山林之客，莫不汲汲焉孜孜焉，夫如是者何哉？皆以图不朽之事也。何者而称不朽乎？盖书名竹帛而已"，其意亦即在此。

人类虚荣心之发现，往往有出诸情理之外者，古人之将虚荣心置诸惨杀、劫略或欺罔诸事之上者，其例不胜枚举，甚至为虚荣心所鼓动竟冒认为杀人凶手而自鸣得意者。吾人亦须知撰人所属之团体为何，并须辨别其曾否染有民族、团体或宗教等虚荣心之色彩。

（五）撰人因恐受人责备之故，不得不阿意以曲从公众之一般观念，对于当日流行之种种主义不得不随声以附和之。吾人必须辨明当日流行之主义为何，因主义之为物随时变化，且为撰人著述失真最有力之一原因也。

（六）撰人富有文学之习惯，往往于不知不觉之间参以一部分动情或闳辩等之文藻，以冀其所述之事迹能格外动读者之心。此种失真之原因，在史料中最为显著。

（七）撰人每觉搜寻消息之为时甚费，远不如伪造之省事，此则完全懒惰性之所致。此为统计学中常有之陋习，根据询问得来之一般史料亦大体如斯。试令属员为其不愿为之事，彼必任意答复以敷衍了事。此殆为社会科学中所以致误之最大原因，盖其所根据之史料大体皆出诸属员之手笔，敷衍成章之文字居多也。

以上所述，皆寻常因撰人心术不诚所致之错误之引入于史料中者也。

其次为撰人工作无方所致之错误。吾人于此先须辨明撰人工作所以不能正确之情形；盖如撰人而无能力，则其断语不特可疑而且无用也。

撰人工作不能正确或不容正确之条件，有如下述。其中一部分，吾人对于撰人工作一般状况所提出之问题中已提及之。此外吾人须问：撰人熟知正确之理智工作否？撰人熟知如何抽象，如何推理，如何通概，如何计算，如何观察等等方法否？当撰人利用他人所撰之第二手材料以证实其一己所不能观察之事实时，亦知用相当之考订功夫否？撰人曾表示其毫无能力常常暴露此种工作中易有之错误否？

此外对于每一种特殊之工作，吾人亦应有一种特殊之问题列举工作之条件及致误之机会。吾人所最宜考问者，即撰人工作是否出诸亲笔？抑或仅系转述他人之断语？吾人对于此二种情形，应各施以特殊之审问。

（一）撰人亲笔撰述者：

（甲）撰人如何进行其工作乎？撰人之工作出诸自愿乎，抑意在答问乎？此种区别在社会科学中极其重要，盖其所用之材料以由询问得来者居多也。吾人须问撰人之所述是否并非为解答问题而发，盖自愿发表之文字与答问而发之文字其价值大不相同也。

（乙）撰人工作时果曾亲自直接观察实际乎？或另有中介在其理智工作中乎？吾人于此须先问：撰人能有何种资料为其根据乎？一种工作之价值如何大体以工作所本之资料价值如何为标准。如工作所根据之资料并不充分，则其结果必无效用之可言。此为极重要之问题；而世之利用统计者对此每毫不经意，甚至对于统计表所代表之资料亦不加深考而贸然承受其计算之结果焉；初不念及统计表之为物固非一种直接之观察也。吾人须再问撰人之工作如何。撰人曾实施抽象、通概及计算诸步骤否？其致误之机会为何？吾人欲解答此种问题，只须施行考订史料构成时所需之各种工作，并注意此种工作所常见之错误斯可矣。

（丙）假使撰人工作根据直接之观察，试问撰人与对象之间有无个人致误之原因？吾人之幻觉甚少而且亦不易预知，在社会科学中尤甚。然错觉则常常有之，其来也盖原于观察事物在某种情形下经过时之习惯。如事物之来也与常见之情形不同，或吾人处在另一种环境中时，吾人之观察事物每仍用往常观察之习惯。吾人对于事物往往并未真正施以观察，而事先在成见中承认其为必有。此即所谓胸有成竹之影响也。吾人成见每每阻止吾人洞见事实之真相。

（丁）假定撰人果曾施以真正之观察，彼所处之地位果有利于其观察否？并亦无成见在胸否？能即时将其观察所得者切实记之否？或其所处地位适与上述相反而有种种不利之情形否？或撰人并不在直接观察之范围中否？

（二）撰人工作并不出自己手，仅转述他人之断语而已，此为最习见之情形：

史料所涵之断语大部分虽非第三手亦必出诸第二手。论理吾人必须追溯其来源以研究最初撰人工作时之情形，所谓最初撰人即直接观察此种事实之人也；并须决定其工作之是否正确无误。然实际上此种研究几永不能以必要消息给人。吾人所能得者有时仅史料撰人如何转受其消息之方法而已。吾人可以考知者仅撰人消息得自口传或得自笔述而已。就原理而论，口传史料经数传之后，早已失真，已无价值之可言；史料至是遂一变而为旧闻矣。史家对此虽仍可施用种种方法以冀获得几微之真相，然在社会科学中此种旧闻决无再思利用之人，兹故置之不论。如传述之史料系用文字，则吾人必须考其渊源为何并断定其价值何若。

吾人应用此种审问，可将所有史料中断语分为三类：即不可能者、可疑者与无疑者。此种分类之效用何在，下章当详论之。

第六章 事实之利用

一、断定事实之困难

——实际上之解决

学者考订史料时所宜注意之要点，吾人虽已讨论及之，然吾人所得之结果，尚未得称为确实可信之史料也。吾人之进行，惟有用精细之分析功夫，以达于为史料原质之断语。吾人对于各断语仅能施以间接之研究，而无法可以正确断定其价值之为何。吾人所得之结果仅消极之结果而已，此种结果，虽足以明示史料之有无效用，足以消灭伪造之史料，并足以阻止吾人陷入污浊之泉渊，然对于吾人之编著历史终无何种积极之贡献也。所有积极之结果皆属相对之结果，言其公式则为"史料之构成有进行不当之机会，史料中之各种断语亦有毫无价值之机会"，或为"吾人并不见其有失真之机会"，如是而已。此种模糊影响之结果，有时且仍在疑信参半之境状中，因其始终为一部分主观之赏识，其价值高下与吾人对于撰人工作情形之明了与否大有关系也。

此外吾人对于撰人在不利状况中是否必出妄言或观察不当，及撰人在有利状况中是否必能秉笔直书或观察无误，亦初无绝对之把握。就吾人经验而论，世人中亦每有行动反常者，或其所处境遇之影响适与吾人所知相反者，是故吾人自此种研究得来之初步印象抑若吾人决不能利用历史研究法以获得真相者然。

然在实际上此种方法殊能使吾人决定无可再疑之事实。吾人决不再疑秦始皇帝以前吾国有封建制度之存在，或秦始皇帝以来吾国有郡县制度之存在。是则吾人固未尝不可自历史考订所得之结果获得历史事实之真相也。

二、容有之事实

——极难诬罔之事实——极难致误之事实——非常之断语适足为一种真相之假定

吾人编著历史时而欲利用史料中之断语，盖有条件焉。条件种类可分为二：其一关于断语之本质者，其一则关于各断语间之关系者。

第六章 事实之利用

断语本质极其不同。事实之中有极易断定者,亦有极难断定者。根据此种事实所下之断语,亦遂因事实性质不同之故有属容有者,有属可疑者。

吾人通常所谓事实,无论其在通俗语言中或即在科学中,实指一种断语而言。所谓断语,盖即指一种集合几个印象于一处而断定其与一种外部实质相符之结论也。然因事实种类不同之故,在决定一种断语是否正确而真实时所进行之各种工作间,其困难程度相去甚远。关于历史事实一部分之积极结论,即自此种困难中得来者也。

就大体而论,吾人妄言之诱惑甚强,错误之机会亦甚夥。吾人因之可在先验上怀疑撰人所下之断语不尽能避免所有种种诬罔之诱惑及错误之机会。然同时亦有种种状况足使撰人或不愿妄言,或极难致误,因之诬罔与错误均成为不容或有之事。此种状况可分为三:

(一)吾人有一种状况不容撰人之妄言。人类之妄言也,其目的本在产出一种印象,故必自信其能产出此种印象,而且断定此种印象之产生必有利于一己,然后方始妄言。因之吾人有三种情形不容撰人之诬罔。

(甲)当断语之意义与撰人所欲产生之影响相反时,当其与撰人利害、情感、个人或团体之虚荣心,以及文学兴趣相反时,则撰人所下之断语,每能秉笔直书而不失其真。然此种标准极难应用得宜;盖此种标准并假定吾人已确知撰人所欲产生之印象为何,其所视为主要之利害关系为何,其情感为何,其主要之虚荣心为何,其个人或其团体之利害为何也。其危险在于假定撰人之情绪为与吾人所有者相同。此种标准，历史家所视为足以自豪者，每足陷历史家于错误之境中。吾人往往轻信所谓"自承之证人"，如近日北方某省之国民党人，常自命为炸杀张作霖之主使人，即其一例。殊不知撰人为虚荣心所动之故，往往不惜以吾人所视为罪恶者加诸己身也。

（乙）如撰人明知其所出之妄言将来必为公众所揭穿，而且其所期望之目的不尽能正偿其所愿，则吾人亦可假定其言之不致失真。此种情形凡有二类：（1）当撰人所遇之公众不易欺罔时，此或因公众对于撰人所述因有利害关系故特加监视，或因公众向有不愿受欺之习惯。此种标准亦极为精微，不易应用得当。盖吾人通常不能确知撰人对于其公众之观念为何，及撰人是否误以公众为轻信之辈也。（2）当撰人已晓然于其诬罔之断语极易为公众所察知，所述之事实本为公众所深悉，或极易为公众所认明者。此种标准较近实际，足使吾人对于撰人所述大规模物质上之事实，其性质本属永久不变而又为时甚近者，视为近真。惟吾人于此须注意撰人智慧之程度如何，盖如撰人智慧程度甚低，则此种标准即难以应用也。

（丙）当撰人因欲证实其主要之妄言起见，故将与其妄言目的无关之他种次要事实秉笔直书。是故在一种书牍中，如主要之宣言为伪，则其辅助之详情，每能不失其真，以便掩饰其主要诬罔之部分。例如民间土地之卖买，为减少租税负担起见，契约上所书之售价往往失真，而双方当事人名及亩分大小则标明甚确。

吾人可用上述种种标准于一种史料中求得近真之断语。

（二）此外又有几种情形足使撰人所述之不致错误。科学观察，

第六章 事实之利用

当然甚难,而且史料撰人对于正当观察之条件亦决不能实现;此外,史料中大部分之断语并不直接自观察者得来,往往由中介自不知名氏之撰人转述而来。故史料中之事实为何人所观察,出何人之手笔,其所处之状况如何,吾人每无从知之。在寻常科学中如生理学之类,此种间接之消息决摈弃不用;然历史外此则几无他种材料焉。为救弊补偏起见,吾人对于客观科学中之事实,与社会科学中之事实,不能不注意其不同之点为何。寻常科学如物理学或生理学等所研究者为迅速运动之不易观察或决定者也,为微细数量之必须精密衡量者也。至于社会科学所研究之事实,其为物远较粗疏,吾人之观察之也亦较不精密;只须证明物品、个人、团体或经过数年或数十百年之习惯等之存在斯可矣;而且均以通俗语言或简单数目表示之,初无细密衡量之必要。故社会科学之观察远较自然科学为粗疏。盖因社会科学所研究者,乃浮光掠影范围不明之浑仑现象也:或系人口与物品之数目及比例,其约略之范畴为性别、年龄、学生、工人、农民等;或系社会与经济之制度。凡此种种事实,皆极易研究者也。是故社会史料本已粗疏,而吾人所必须搜集之社会事实尤为粗疏。在社会科学中,吾人所研究者仅事实之大体而已。因之吾人可于观察不精之事实中,辨明何种事实为规模甚大决难致误之事实。此类事实中之主要者有如下述:

(甲)事实之经时甚久而且常常可见可闻者。如一人或一物之存在;常常重复之行为如习惯、制度、风俗等;由多年同意而产生之惯例如法律、规则、条约、税则等;经时甚久之事象如危机、疫疠及革命等；皆其例也。

（乙）事实之范围甚广易于观察者。如规模宏大之团体如民族、社会等；集合行为或状况之应用于广大地面者如法律、习惯、制度等；皆其例也。

（丙）事实因断语之用语较为概括及观察之不必精密而易于断定者。如一种制度之存在而毋庸详述其内容，或一种数量之说明而毋庸精确之术语，如"满目荒凉"或"烟火万家"之类，皆其例也。

是故吾人如以此自满，即可自史料中得到极其平庸而且不甚正确之断语。吾人可云于此所谓正确，适与切实相反；断语愈切实，则错误之机会愈多，而正确之盖然性愈减。断语愈模糊，则其正确之机会必愈多；断语愈切实，则其不正确之危险性愈大。

（三）最后并有某种情形足使撰人所述正确之盖然性甚大，此即当史料中之断语与撰人心理上之习惯完全相反之时。假使一人所观察之事实完全出诸意外，而且与其所有对于世界事物之观念完全相反，例如彼所不谙之语言，或彼所视为荒谬之事实，则其所述之事实，错误之机会极微。盖吾人欲令此人承受与其所有他种观念相反之新观念，吾人必有一种强有力之外部理由，而此种理由实即一种正确之直觉也。最著之例即为当人类尚未了解日蚀或陨石等现象时代所描写之日蚀陨石等情形。是故撰人所视为极不正确之事实，在吾人视之其价值反往往甚高。惟此种标准极难应用得宜，其危险在于以吾人本身所具之心理推测史料撰人所抱观念之矛盾。吾人须知撰人所视为不真之事实，必与撰人之观念相反，而非与今日吾人之观念相反也。迷信神奇异迹之人往往易见神异奇离之事,此与其观念并不矛盾,然吾人断不可视为正确之观察也。

三、各种独立观察之暗合

——正当暗合之条件——研究断语是否独立之方法,来历之考订——独立观察之比较

是故分析功夫所能为力者在于提出大致可信之事实,因之可使吾人对于经时甚久范围甚广之社会现象,搜集容有之消息而用之于社会科学中。

仅就其孤立情形而论,此种消息将始终留在此种容有之境中。吾人无权可以视为已无可疑之科学结论。然则吾人将如何获得此种结论乎?吾人至此乃进于观察之范围,除应用寻常所有观察科学中之进程外,别无他种方法矣。

所有各种科学之共通原理,即吾人决不能根据一种单独之观察,即下一种科学之结论是也。吾人欲享断定之权利,必重复施行所有之观察而后可。吾人之应付社会科学亦复如是。

是故达到结论之进程在于综合对于同一事实之数种观察而审察其是否相合。如不相合,则其间必有一伪焉。如其相合,则必不外二种原因:或皆属伪造而偶然相同,或因与真相相符故不谋而合。

然人类自欺之道不一而足，故事实错误之机会亦与之相同。观察事实之正确方法唯一而已，故正确之断语亦只能有一，不能有二。是故各不相谋之观察者极不容犯绝对相同之错误；当相同之观察逐渐增加时，此种偶然之相合益不容有。盖数种独立之观察而且与实际真相无关者断无不约而同之理。此种不约而同之情形固可出诸偶然，然此种偶然之遇合决无依时间次序迭次重复之理。盖然性计算之应用即在于此。如独立之观察不约而同，则其间必有中介为之接合焉，此中介非他，即观察者共有之基础，所谓实际之真相是也。是故各种观察间而有相同之点，则各种观察必皆与实际真相相连。

以上所述即所有观察科学中之根本原理也，如吾人不能重产现象而重复实验之，则吾人所能利用者唯有此一种原理而已。此盖一种实验之原理也，其公式可如下述：凡亲身观察之错误决不相同；唯有正确之观察方不谋而合。

吾人如欲应用此种原理于史料消息之上，唯有集合数种相合之断语于一处。是故吾人必须将分析考订所得之结果分别部居，将关于同一事实之断语集于一处。

吾人入手之始，将断语集于一处；然后比较之，注意考订各断语之为利或为害。如自二种以上史料中所提出之断语并不相同，则其中必已有一种可疑之史料混杂其间，须加考订。此种不同之情形益足增加吾人怀疑此种史料之心理。如吾人本无怀疑之心，则此种不同之情形亦足以使吾人产生疑意也。

然吾人如欲进行得宜，有二种必要之工作焉：（一）决定吾人所能应用之真正观察究有几种；换言之，即独立之断语究有几种。

（二）综合所有观察以便达到一定之结论。

（一）吾人之自然倾向每以为一种史料即构成一种观察。吾人对于同一事实如有十种不同之史料，吾人每视为十种不同之观察。殊不知一种史料往往产出另一种之史料，换言之，即一种断语每产生另一种之断语；因之数种史料皆产出一种同样之断语。然当吾人见有各个不同撰人所编之史料时，每陷入数种不同断语之错觉，误其为如许观察之结果。例如几种报纸同述一事：各报记者间每有一种协定，仅令其中一人前赴参与，归而详述其事，其他诸人则照录之，以发现于各报。吾人因之遂有几种不同之史料。试问吾人在实际上亦有如许之观察否？当然无之。此十种报纸之纪载仅代表一种观察而已。如果视为十种不同之观察，则与视同一印版史料之每一册为一种观察将无以异。实则吾人所应特加注意者盖在于同一事实各种独立之观察，而不仅在于表面上之各种观察其为数若干也。是故吾人必先审明各史料间之关系为何，以便断定何者为真正各自源于独立之观察，何者为源于同一之观察。在专门术语中，此种史料之来历，谓之为渊源。

此种史料渊源之考订，往往予吾人以意外之启示，为史学技术上一部分重要之工作。言其原理，颇为简单。当二种断语相同之时，其来源不定出诸二种不同之观察。盖就吾人经验而论，二种分头进行之观察，决无以相同之词句造成其结论之理也。是故如二种断语之形式相同，则其间必有一种为剿袭其他一种，或二种同自第三者剿袭而来；无论如何，吾人只能视为一种观察而已。然在实际上有二种困难：（1）撰人之剿袭他人文字者往往故意埋灭其痕迹，故将形式改头换面以欺读者，学校中学生剿袭邻座同学之文字，即往往如是。是故吾人须在事实之基础上以求之，最宜注意事实之次序及其连锁。如果事实之基础及其关系双方所述者大致相同，即足证明其间必有一人为剿袭，盖二种独立之观察决无将事实之次序及其关系以完全相同之进程出之之理也。（2）撰人同时所取之材料不仅一种。在此种情形中，吾人工作较为复杂，不能不另用他种叙述比较之。此种工作在研究古代及中古时代之史料渊源固占重要之地位，即对于现代史料如报告、调查、研究、图表、统计等，亦复必要。盖吾人对于一种原本观察之剿袭其诱惑本极为强烈，往往不愿再耐亲自进行之劳苦。故当吾人对于同一事实而遇有二种史料时，必须审明其中一种有无剿袭其他一种之情形。吾人亦可断定某种事实之渊源仅有一种易于剿袭之直接观察，吾人因之可以断言各撰人所编之史料实同自一种同样之成文剿袭而来。是故一种统计数目一旦引入一种著名作品中时，往往彼此传抄，循至渐成信谶，无人再思有以矫正之矣。

此种史料渊源之考订仅能予吾人以一种消极之结果而已，盖仅能阻止吾人不致为假伪之独立观察所欺罔，而且仅许吾人保留其真正之独立观察也。

（二）当吾人对于同一事实之各种独立不同之观察完全搜集之后，第二步工作，即为综合之以审其是否大致相同，足使吾人自其相同之处求得一种科学之结论。在历史中与在所有科学中相同，真理之来必自各种独立不同之观察殊途同归始。

吾人至此乃可提出下列有条理之问题矣：（1）吾人对于同一事实有数种观察否？（2）其对事实相合之部分为何？（3）事实之仅有一种观察者如何能使之与事实相合？吾人至此盖已离开史料考订问题，而进于科学著作之范围中矣。

第七章 事实之编比

一、事实编比之条件

——由史料中提出之事实状况，程度，性质，及盖然性之不同

吾人至是乃达第二部之历史工作矣，即编比是也。吾人究用何法以编比由史料中提出之事实而使之成为一种科学——有统系之浑仑乎？历史研究法如何应用于社会科学之构成乎？

一种科学之构成，其出发点非吾人之理想也，亦非吾人心意中所欲构成之科学也，根据实质而来，所谓实质即吾人所能利用之原料也。假使无相当材料可供实现之用，而欲计划一种科学之构成，是欲于无中生有也，幻想而已。当哲学家意欲模仿生物学而以玄学方法构成一种社会科学时，若辈即忘却此种实际上之必要初未尝计及此两种科学之材料固绝不相同者也。

第七章 事实之编比

是故吾人第一须问：社会科学所能应用者究系何种材料乎？就实际需要而论，社会科学之材料几皆取诸史料，取诸与现代史所用者相同之材料，而非来自直接之观察。此种材料之性质如何？何以与其他科学所用之材料有异？

第一此种材料必须由史料之分析而来。其入吾人之手中也，已经分析而剖成原质；盖在一种史料之中本含有无数之断语，而有时即在一种断语之中亦含有数个之原质，吾人对之，有取用者，有排斥者。每一断语即构成一件事实。然此种事实其种类极不相同者也。

（一）此种事实所能统括之程度极不相同。例如在一种统计之中，有属个人者，有属部分之增加者，有属一般总数者。在一种说明之中，一种单独特殊之事情可与一种制度之全部并列。

（二）此种事实所表出之对象，其性质大不相同。史料撰人之叙述事实时，其见解并不与分类者研究此种事实时相同。为撰人者并无必须依照编比者所必需之次序而叙述之理由。故编比者所得之事实往往杂乱无章，此在史家方面因其所研究之事实种类较为繁多之故，如语言文字上、概念上、信仰上、感情上、制度上之种种事实，当然较甚；然在社会科学中亦已足令人难以措手矣。吾人虽可将大部分之事实纳诸社会事实之一类中，然即就此一类而论其内容之混乱，已远较其他实验科学为甚。在直接观察之科学中，吾人可以任意抉择吾人所欲观察之事实而观察之；至在史料科学中，则吾人所能利用之事实纯自他人手中接受而来，在应用以前，非先加以选择不可。

（三）由史料中提出之事实有可疑者，有容有者，有无定者，皆须经过一种考订之手续。此种手续之简单者仅表明吾人之赞成与否而已足，复杂者即须加以真伪之考订。考订所得之消息重要异常，故吾人因之不能不珍视此种考订之手续。

吾人欲使此种杂乱之事实能与他种事实比次成章而得一确定之结论，非先从事于集合不可。在其他科学中亦然，吾人欲得确定之结论，非先将对于同一事实之各种观察集于一处不可。然在实验科学之中，吾人可以屡加试验而后发表之。至于历史，吾人所赖者仅有偶然之史料而已。其为物也单独而特异者也，正如病人之症候然，必在医学杂志中积有多件而后方可诊断其究为何病。

是故吾人考订史料之后最初所见者乃一团杂乱无章之琐事，一种散漫无纪之知识，以一串价值不等之言词，表出种类及统括程度均极不同之事实。在社会科学中，此种事实为：（一）关于各种不同生物或物品之统计项目，其价值高下依统计者之知慧或心术而不同；其所统括之时间空间之程度亦极不相等：或仅述一人，或关系一群，或仅述一部，或概括全部，或仅属一时，或包有不同之各时代。（二）习惯、制度、物质状况之描写；一件琐事或整件事情，或仅一民族中之一小群或一民族之全体，或全世界全人类之描述，其正确程度极不相同。（三）局部制度，一般制度，或全国制度之规则，其中有切实遵行几与实际事实之描述无异者，有徒具虚名而实同具文者，亦有部分实行而部分则视同废纸者。

二、暂时之编比

——专著，类纂

吾人欲了解此种杂乱之事实，非先事分别部居之工作不可。所谓分别部居即先将史料中提出之事实加以分别，然后依同一原理而分其种类是也。然事实之混乱已极，而分类之事业又繁，故已非一种工作所能了事。在所有史料科学之中，吾人不能不用分工之制度。第一步实际而且临时之分类为分解紊乱之事实，各依其性质归入各类之中，而编成一种类纂或一种专著。第二步为科学与确定之分类，以类纂或专著为出发点，先求同一性质之事实间之关系，再求性质不同之各类事实间之关系。此二种工作甚至可由二类作家分任之，即博学家与专门家是也，或即章学诚所谓记注家与撰述家是也。其目的在于直接整理临时分类所得之史料。至于确定之分类则让诸具有通史见识者担任之，此即通史名家具有良史三长者所有事也。

临时分类之主要体裁有二：即专著与类纂是也。专著之形式较为简单，其所依据之原理盖为大部分著作家自然所应用者。吾人将全部性质相同、关系甚密之事实集于一处而严限于空间及时间之中。例如一年中或一短期中某一名人行止之专著，或某城中一种职业团体行为之专著是也。其另一种专著之形式则为分行并列之详细统计表，其中事实曾经分析而且计数者，例如某城人口之分析统计或某一国岁出岁入之预算案是也。吾人在专著中所研究之事实其范围甚狭，故可将同一标题中所有已知之事实集于一处。而且此种工作极易引人入胜，激起精神；吾人所感之愉快不在于多知，而在于较世界上他人之所知为多。对于某一主题，如能完全搜到吾人之所知，即搜罗事实而能赅备无遗，实为人生乐事；此实搜集家之理想也。

此种专著之范围实受搜集家之限制，普通盖有实际上之理由。故其结构之大小甚不相同，一视吾人所能利用之史料之多寡而定。假使材料甚少，撰人之倾向往往扩充其专著于人数较多或时间较长之一群。专著之题目其关于古代者往往较关于现代者为广而且大，其故即在于此。

专著所以能存在于史籍中之理由，在其能驾驭某一范围中所产生之一切事实。通常专著本在于编比性质相同之事实，然同时亦可将同一地方所产生各种性质不同之事实纳诸同一专著中。此在实用上往往极便于参考，唯必须依事实之不同性质，分成显著之段落以便于翻检耳。

昔刘知幾作《史通》，称美《列女传》，谓其"博采经籍前史，显录古老明言；而事有可疑犹阙而不载。斯岂非理存雅正，心嫉邪僻者乎"。是故当专著根据史料编成时，对于各件事实非说明其来历不可。此实一种必要之规则也而学者多忘之。彼为专家者初不知读者对于其著作之渊源所自本有要求标明之权利，而从事于史料之整理者对于此点每属最为健忘之一人。有时若辈对于来历既不能为

第七章 事实之编比

有统系之说明,遂并一切参考注脚亦排除殆尽,抑若其著作纯属其本身观察之结果者然,此章学诚所谓以比类之功而妄援著作之义也。不标所出未免无征,无征且不信也,其能列入著作之林乎?

至于所谓类纂不过一种专著之汇编,将古今来名家之史学专著依其性质相同者而纂辑成书。然中外学术界中之类纂往往以简略之专著或昔日单行出版之专著之纲要集合而成。上者略本原书,下者割裂饾饤,其价值高下至为不齐。唯科学之必须应用多数特殊事实者,此种类纂之为物实为一种实际上之必需品。因其既能集合散漫各处之专著于一书,复能删其繁而撮其要,去其重复而著其关系,使览者易于为功,作者资其参考,此即纪昀所谓"操觚者易于检寻,注书者易于剽窃"者是也。故其编比也必以适于实用为主。普通编比之次序。其在吾国,则向有分门隶事,分韵隶事,十干为序,或五音分集等义例,而最近则有依字典部首而排比者,其有资实用,较前似更进一筹。其在西洋各国,则以依照字典式之字母排列为最多。然吾人决不可误会类纂为一种科学也,盖实一种科学之实际条件所谓"本无深意便于随事依检"而已。至于在统计中,吾人将事实或列为表,或绘为图,故比次之时不能不略加武断,其次序每另以索引表明之。

实际上吾人如欲构成一种确定之科学——即搜求各种事实间之永久关系——当然不能不求事实于专著及类纂之中。利用此种类纂或专著时,吾人仍须施以与研究史料相同之规则,而以考订工夫开其端。然吾人只须加以一般之考订,明了撰人利用史料之方法为何,即为已足，不必如史料之必须分析也，故此种事业较为简单。盖如撰人编纂得宜，必能原原本本标明其材料之来源，使吾人一望而知其材料之价值如何，及其利用材料之方法如何也。

三、事实之性质

—— 一般事实或单独事实，确定事实或可疑事实——生存，人类行为，动机

事实之暂时编比，或取类纂形式，或取专著体裁，本属无所不可。然吾人若欲将所有事实编比而成为科学上之著作，则必须先问此事之是否可能；换言之，即先须注意吾人所编比之事实其性质为何也。

吾人编比事实可根据二种标准而分其范畴：（一）依据事实所能统括之程度；（二）依据断语所隶之种类。

（一）就统括之程度论，吾人有个人之事实或单独之事实，有一群之特殊事实或一群之一般事实。普通社会科学所研究者非纯粹单独之事实也，亦非某一个人在某一时代之行为也；社会科学所研究者仅人群而已，当其搜集单独事实或个人事实时，如调查某一事实之类亦无非因其为全部社会事实之原质，或至少如研究袁世凯之取消帝制，因其在社会生活上发生极大之影响之故。而且遇到此种情形时，社会科学所取者仅事实之概要而已，非其详情也。一言以

第七章 事实之编比

蔽之，社会科学所研究者人群共通之事实也。

（二）就断语所隶之种类论，吾人所有之事实中有因异口同声已确定无疑者，亦有仅属容有而未能绝对确定者。实际上社会科学中唯一可以断定之事实每系公牍中所载惯例上之社会事实，或由文字之说明上得来一种广泛之物质上事实。盖吾人一旦欲利用数目以求其切实，则其确定之程度即将就此而停止。惯例上之事实其形式或为规则，或为命令，或为法律，换言之，即公家书牍也。所有公家书牍本暗示其包有一种编纂此种公牍者之同意，然此种同意，纯属官样文章而已，决不足以为规则与外部事实相符之证据。无人遵行之规则始终为一种纯粹心理上之现象，一种简单之惯例而已，决不能成为一种外部社会之事情也。至于广泛之事实或系一种文字上之说明，或系由数目相加得来之一种近真而不精确之报告，吾人如欲明悉其中计算之有无错误，仍不能不有两种独立之结果之比较，而此又罕有之事也。是故吾人不能不承认在社会科学中吾人所能应用者仅属一种容有之事实而已，用彼此互证法而编比之，并用连续编比法而求其结论。

是故吾人于此不能不注意了解事实方法之不同，吾人必须研究事实性质是否属于一般，是否属于容有。其实即使吾人能了解事实之性质，吾人所能利用之知识仍以吾人所用之方法是否可靠为条件。然相异之处之最重要者仍属事实本身之性质。总之，所有科学上之分类显然不能以吾人与事实间之知识关系为标准，而必须以各种对象间之固有性质关系为标准，盖前者系偶然之关系，变化无定；后者为永久之关系，颠扑不破也。

根据其性质而论，吾人间接由史料得来或直接由观察得来之对象，可分为三类。此三类对象实为吾人在著作上所能利用之唯一事实，兹故列举如下：

（一）可以直接观察之物质的存在。——计有二种：一为人体，其得为社会科学之对象，因其能为人类生活之条件也。其次为物质对象，则以能与人类有关系者为限。社会科学对于人体所注意者仅其数目及一部分极显著之特点如年龄、性别、疾病或多寡等而已。至于物质对象，种类甚繁：人类所役使之动物也；人类所耕种、经营或利用之地面或水道也；房屋、森林、运河、器具、工场、道路、船只、商品、动产、钱币以及运输材料等各种人类活动之产品也；皆属之。吾人根据此种对象大略可以窥见人类之生存，其在地理上与年代上之位置，及一部分极其显著之特质。此种特质之现于外者当然不足以为深究对象内部性质之根据，然至少可藉此窥见大群与支群之分配，数目之多寡，以及数目之变动如增加、减少及地位之变更等。例如吾人不必先事研究蚕之解剖，别其优劣而后再归诸江浙两省之蚕中也。总之，吾人于此不必求其原因，即可获得对象之生存、数目及地位等无形现象焉。

（二）人类行为。——此种行为皆属过去，吾人已无法可以观察矣。然吾人固知制造人类物品或转运人类物品必须具有何种人类之行为。是故当吾人既知此种物品之存在、来源及其地方，即可进而研究其工业上及运输上之种种行为。此外尚有一主要之中介焉，

第七章 事实之编比

足以使吾人了解过去之事实。此即史料撰人曾经施以直接之观察而以口头或笔述传下之人类行为是也。凡自杀、罢工、市集、集会、会议、讲演、规则、账目等，皆属之。此种行为多属纯粹之象征；例如关于银行或财政部各种行为之限于口头或书面者是也。然此种象征每能产生实际上之结果而且终归于物质行为之实现；盖由一种无形之信用而变为物质对象者也。

当此种行为出诸一人时，吾人称之为单独行为；出诸同时数人时，则称之为集合行为。试问集合行为是否与单独行为不同？学者对此问题多所争论。然此系哲学上问题，在方法应用上初无关系：就观察者方面言，吾人只有个人行为或个人语言之"总数"，而观察则为寻求知识之唯一方法，凡属科学均须由观察入手者也。假使某数种集合之现象，即生存于社会中之个人所造成者，自有其特有之性质，则此种性质之发现，必在吾人对于孤立事实加以综合研究之后，正如生物学上各种现象共通性之发现必先自观察同一有机体中各种孤立之现象入手而后可。若对于某种现象预先假定其应有特殊之性质或先验之理由，是以成见为真理而非真理之面目也，不且违反所有实验科学中求知之方法乎？

（三）动机。——吾人既达到事实之本体，即离开直接观察之范围，此所谓直接观察之范围即所有观察科学之范围也。然吾人如欲说明社会之事实，吾人势不能永远置身于此种范围之中也。盖社会中人类行为之原因决不在其本身或其他物质行为之中也。无论何种行为如商业上之往还，如工业上之制造，甚至如犯罪或自杀等，均不能直接与他种行为相连。其产生也必须有一种动机,即一种心理现象是也。动机一词之为义当然甚泛,此盖吾人对于一切现象之知识尚极幼稚有以致之。人类之一种行为吾人每可予以二种之解释。其一为心理之解释:其意以为行为系由一种精神之意识,如判断、希望及志愿等所产生,使神经与筋肉起一种机械之作用。其一为生理之解释:其意以为行为之直接原因在于一种冲动,由知觉神经中枢之直接作用而产生;所谓意识,吾人误认为志愿者,不过一种附属于某种神经现象之外表作用,对于各种运动绝无影响者也。然在此两种解释中,吾人所能确定者即物质行为或甚至象征行为(如口谈或笔述之行为)系外部之现象,由外部之机械作用而产生;至于行为之出发点往往在于中央而且随有一种理智之意识现象。是故构成社会科学原料之人类行为必须以理智之意识现象为中介,方能了解之。因之吾人对于社会事实不能不适用心理之解释。当法国孔德(Auguste Comte)根据外部事实之观察以建设社会学时,曾欲避免心理之解释;殊不知此种外部事实不过一种心理作用之产品。如仅研究外部事实而不知其所以发动之心理状态为何,是犹不问病源而妄开方剂,不谙舞蹈音乐而欲了解舞蹈者之步伐也,岂可得哉?

第八章 社会科学事实之编比

一、社会科学中事实之性质

——物质与心理之特性，绝对客观方法之不可能

社会科学原料所资之事实其所处之状况每足以驾驭编比之进行而加以限制。

吾人所知之社会事实其大部分皆用一种间接之方法得来，即史料是也；以此种方法所得之事实其性质必肤浅而广泛，仅限于研究生物、习惯、团体或个人之生存而已。是故所有社会科学中之事实必皆具有此种肤浅广泛之特性。即吾人能用一种直接观察得来之事实亦只能与自史料中提出之事实视为程度相同时，方可合于一处而应用之。例如在一种调查录中，吾人对于某几个家庭虽有由直接观察得来之详细情形，亦无所可用，盖吾人不能将其加入调查者所需

要之广泛范畴中也。

此种事实之性质或属实物，或属行为，或属动机。然其物质部分，即唯一可用客观态度之部分，决不能与心理现象分别而利用之。吾人意想之中虽可有一种纯粹之生理统计，列举人体、性别、年龄、疾病及人类学上之各种特性；然此种统计本身决不足以构成一种社会事实也；吾人必使之与一种民族、一种宗教、一种阶级，总之与所有内部各现象发生关系，然后方能决定吾人所欲统计之社会为何。一种实物之统计亦复如是，如商品或动物之类，必有一种心理事实——即享用——参入其间方可成为社会之事实，吾人所统计者乃一个社群中各人所享有之商品或动物也，是故于此必有财产权之心理观念参入其间。事实之社会性即由此而来，即所谓政治上或经济上之内部现象也。

所有政治上之事实根本上皆具有心理之特性，吾人于此实已无表明之必要。所有政治团体最重要之根据即为大众应服从同一中心之观念，或人与人间共通性之观念。无论吾人是否另有他种集合现象与服从观念或共通性观念有关，姑不具论；无论如何，政治事实之存在必以此种观念为根据，而且亦唯有以此种观念为中介，吾人方感有此种事实之存在，则殆可断言。一旦观念变动，政治状况即随之而变动。同是朝鲜人当其自信为与中国同种时，其民族观念即随之变化焉。

在经济事实中，此种主观特性较不甚著；或至少因产生经济现象之实物具有物质特性之故，此种主观特性较为不甚明晰。然就实

第八章 社会科学事实之编比

际而论,所谓实物不过经济事实产生之机会或条件而已;真正经济之事实实为人类对于此种实物关系之观念。所谓享用即系一种处置吾人所有实物之观念;其证据即为在财产中吾人可以发生革命,如秦商鞅之开阡陌,其初并无物质上之运动,即其一例。然当时所谓庶人及地主对于其权利之观念已足为之一变。商业上之行为为一种惯例之集合,所谓惯例盖即心理现象也,其目的在于变更实物之享用;而实物之真正移转不过此种惯例之物质结果而已。即消费及生产本身亦有一物质之部分;然其经济之特性纯由一种纯粹心理观念赋予之。指导生产而决定消费者盖价值为之也。而价值之在实际上实为一种主观之现象。吾人所以必谓"在实际上"者,盖因吾人对于可以数量之实质如力与热亦可抱一种客观之价值观念也;吾人可用机械力与热量之单位估计一切实物与物质行为也。然吾人对于此种机械上、化学上及生物学上之估价与经济学并无何种关系。如以热量价值估计养料,以力或热之单位估计行为,则所有经济实质必为之颠倒,而成为异想天开之笑话。例如谓一两木炭将值一两之钻石,一小片之干酪其价值将远高于一瓶杏仁露,宁非奇语。诚以真正之经济事实并不以此种纯粹客观之实物为基础;而以纯粹之心理价值为根据;所谓心理价值即吾人之想象赋予实物之价值也。吾人之证据即在于价值之高下常随人类想象而变动,即绝对物质之对象亦复如是。猪肉与酒之价值在回教诸国中者决不与在基督教诸国中相同。吾人所以茫然于此种价值之心理特性而不甚感觉者,纯由吾人居在一种有规则之社会中有以使然,盖此中价值观念之变化甚为迟缓也。然其差异之著例仍属不一而足，如骨董或首饰等时尚之实物其价值之升降皆出诸骤然也。

心理之特性既附诸社会事实之上而不能使之分离，则吾人编比社会科学时固无权可以埋灭之矣。是故吾人必须于社会事实中求其互相联带之关系，换言之，即实物与心理现象相关之事实也。而此种关系势不能不具有主观之性质焉。

二、社会之分析

——社会分析与生物分析之不同——社会分析之抽象与主观性，想象之地位

吾人获知事实所用之方法必亦影响于吾人编比之性质。然此种事实大都自史料中得来，即由一种史料之分析而得来者也。即彼曾经直接施以观察之事实，亦依社会分析之程序而搜集之；换言之，即在史料上或实质上之无数事实中吾人选其一部分社会之事实如习惯或制度之叙述等；此种事实固非分析不可者也。然则此种分析之特性究竟为何？

分析一词在社会科学中其名义即已足为一种致误之绝大原因。在客观科学中所谓分析纯系一种物质上客观之工作；所谓分析本即分解或分化之意。在生物学上与动物学上，吾人之分析为一种对于

第八章 社会科学事实之编比

真正动物之实际分析工作也；吾人实行解剖之；于是乃进行真正之综合，集其各部于一处以考察其相互间之关系。在化学上吾人对于物质施以真正之分化或化合。此类科学皆以真正之分析与真正之综合为基础；吾人可以客观态度明晓实物分化之部分为何，及其互相关联之地方何在。

至于历史上或社会上之所谓分析仅属一种暗比上之分析。吾人并无真正之实物可资吾人之分析或综合，故吾人并无真正实际工作之可以进行。吾人工作所凭藉者，不过一种文字而已，吾人所有之实物不过一种纸张而已。文字之为物本属一种象征，吾人只能以心理作用应付之，所谓心理作用即由此种文字所引起之想象是也。在历史中，吾人工作进行，纯赖想象之力。吾人研究宋元时代之海外贸易，至今已绝无具体之实物可凭，既无当日海商之留存，又无当时船舶之可睹，吾人所能利用者仅此种事物在吾人心理中所表出之想象而已。而此种想象中之事物又复纯赖吾人对于现代海商或船舶之比论。吾人工作所依据者仅当日海商与现代海商共有之特点而已，此盖抽象之想象也。调查亦复如此，其本意即在分析一个社会，然其工作进行仅在调查某一地方究有某种性别，某种年龄及某种职业中之个人若干；其为法也盖用问题而不用观察者也。即使吾人可施以直接之观察，吾人亦仅向对象以求答案而已，初未尝加以分析也。

是故社会之分析与历史之分析同，纯属一种抽象理智之进程。其对于一种实物或一团之实物，一种行为或一团之行为，仅继续注意此种实物或行为之各部分，而一一考查其各方面（此之所谓方面仍属一种暗比）；并细察其各种不同之特性为何。人类精神原极薄弱，故此种工作实属必要。吾人所得之印象当然混乱不堪，故吾人不能不继续考查各种不同之特殊印象以便切实辨明之。此种工作之结果不能予吾人以新知识也，仅清理吾人混乱之知识而已。此种分析与解剖绝异，其为法也并不在于发见新实物或各种实物间之新关系；仅系一种思维之方法，其目的在于清理吾人印象中所有之各种原质及其相互间之关系。

就实际而论，在社会科学中吾人所研究者非实物也，乃吾人对于此种实物所抱之表象也。吾人未尝目睹吾人所调查之人类、动物或居室也；吾人亦未尝目睹吾人所叙述之制度也。吾人对于人类实物、行为、动机等，不能不用想象功夫以研究之。此种想象即社会科学实际之材料，亦即吾人欲加分析之材料。一部分材料或系吾人躬亲观察实物所得之记忆；然所谓记忆并不较想象之真实性为强。而且大部分材料并不纯由记忆而来，而以吾人所记得之想象仿佛其梗概；换言之，即用记忆中所有之想象以比拟之者也。在一种调查中，吾人意想各种不同之实物；例如吾人欲描述一种委员会之职务，吾人往往意想各会员之行为及其态度而推知其性质之何似焉。

是则在社会科学中与在历史中同，吾人工作之材料纯属想象中之实物。吾人如欲以分析真正实物之规则施诸想象中之实物，其为不合理可无待言矣。

三、编比之进程

——比论之应用——问题之应用

吾人之工作既纯以想象为根据，则吾人所得之结果其能不纯属想象乎？此种工作当然属诸心理。然心理上之工作不即非真实之谓。吾人对于一种心理意象与一种实质间正可有一种切实之关系，所谓记忆即其著例。世上决无人将记忆与幻象混而为一，而实际上吾人行为之大部分皆受记忆之指导者也。

吾人理想上之工作为能常有由记忆得来之意象以资凭藉。社会科学之胜于史学亦即在此，盖其材料之得自记忆者远较史学为多也。研究社会科学者进行工作时所用之材料虽属文字，然亦往往曾经目睹此种实物而记忆中尚能仿佛其大概。唯实际上人类所能记忆之事物为数甚属有限，以记忆中之事物供给专著之材料已觉困难，若欲供给宏篇巨制之文章必嫌不足。即在统计之中吾人亦几不能不纯赖非自记忆中得来之意象以为资料也。

是故吾人因记忆缺乏之故，不能不根据记忆中事物之比论自造意象以资凭藉。兹试述其进程之途径。吾人假定吾人所不能观察而又可在史料中间接窥知之生物、实物、行为、动机等均与吾人在现代世界中观察而知者可以相比。此实所有史料科学中之必要原理也；

假使史料中所述之事实不能与吾人所曾观察者相比,则吾人对之即不能了解矣。

然吾人若仅单独表出孤立之生物、实物、行为或动机尚未为足也。吾人所能止于此步之工作,最多以关于计数者为限,盖此种工作只须将数目相加即可也。然即此亦尚有一条件焉,即吾人须知此种孤立之事实应属于何一范畴是也。吾人目的既在表示其浑仑,则不特须想象其行为,并亦须想象各生物、实物或行为间之关系。吾人之想象此种关系纯赖吾人对于现代各种事实间关系直接所知之比论。是故吾人想象古代之人类及其关系为与吾人现代所知者相同。吾人乃以先验态度着手而断定人类之一般特性及其关系。所有史料科学所以必包有一部分先验之事实者其故盖即在此。

吾人欲想象人类,不能不表出人与人间及人与物间主要常见之关系。此种关系吾人曾在生活中见之,吾人当然不致以意为之。然吾人之观察始终仍在一种记忆之状态中为吾人所有意象中之一部分,吾人于此应加辨明。唯实际上吾人欲在意象中提出构成社会之人类关系,实只有出诸审问之一途也。

是故吾人在社会科学中所以实际上必用审问之方法,其最初理由盖即在此,固无待论理学上之理由为之说明。吾人欲分析现象,即吾人所有之意象,唯一方法即为审问,于是再决定各现象间假定之关系,以便综合孤立之事实而编成浑仑。此种方法能以一种关于社会生活定律之标准供吾人综合稀少事实之用。

史料既经分析之后,孤立之意象充满吾人心理之中,审问之道即为整理此种孤立意象之唯一方法。吾人须审知吾人意象中之事实其在实质上产生时之条件为何。吾人欲答复此问,必须了解社会事实必要产生之条件为何。此种条件吾人盖预知之,因其为人类所同具者也。其为物也或属人类及其物质状况所共有之生理现象,或属人类所共有之心理现象。在此种现象之中虽有种种之差别,而且吾人因不能预知之故,不能不辨其实现者究系何类,然吾人可以预知者乃吾人所遇现象之种类也。例如吾人固不能预知一民族之工商业等属于何类,其人民之年龄与性别何如,然吾人可以预知其间必有一种制造与交易,性别与年龄间及各种性别与年龄不同之人口间必有某一种之比例。此种现象吾人虽不知其差别而却知其种类,即为吾人审问之资料,吾人可用分析人类一般状况之方法以构成之。

此种用先验态度构成之问题或为一部分人所厌恶。然在实际上此外实别无他途。吾人只能根据吾人对于实际世界之知识以为分别想象中所有事物之标准。不问吾人愿意与否,吾人终不能不利用问题。吾人虽无意于此而甚至有意避免之亦不可得。所不同者无非毫无意识而且因之混乱而已。吾人所能自主者不在进行时之是否利用问题,而在进行时或用未加思考残缺不完之问题,或用思虑周密切实完备之问题也。

所有历史事实或社会事实之编比必属一种想象之工作,盖观察所能给予吾人之直接知识仅系个人或物质状况而已。所谓社会乃一种关系之综合,此种关系非吾人直接所能观察者也,盖纯由想象得之。此种工作不问其在史料中或在观察中总不外于搜寻先验上所提出问题之答案。此种划一之问题即居在社会中人类共有之一般状况也。

是故社会科学事实之本身含有一部分内部主观之现象,用一种纯粹主观之抽象分析得来,而且唯有用一种主观之审问方法方可构成。主观之特性既不能与自然之本质、知识之方法以及社会事实构成之方法绝对分离,则社会科学之方法当然不能不纯属一种主观之方法也。

第九章 并时事实之编比法

一、社会事实主观性质之结果

——算学方法,生物学方法,及归纳心理学方法之不合法——实际规则

历史事实既经断定之后,可用二种方法纂辑之:(一)将同一时间各地方所产生之事实联成一气;(二)将各时代所产生之事实联成一气。是故编比之方法有二:(一)为并时事实之编比,以描述一个社会之浑仑;(二)为连续事实之编比,以研究一个社会之演化。因此著作历史之工作有二:(一)为某一时代事实与事实间相互关系之描述,目的在于表明事物之状况;(二)为时间中连续变化之研究,目的在于决定事物之演化。

吾人欲描述并时之事实,决不可忘却所有社会事实之主观性。

物质事实——如人体、工具、出产品等之中有一部分为行为之条件，固无可疑，吾人尽可努力于决定其数目及分配，然此仅初步之研究而已，决不足以使吾人了解社会之全部也。社会行为亦然，亦有其物质部分——如生产、制造、运输等，吾人亦可努力于观察，以决定其数目与分配。然此种研究仍未为足也，吾人所得之行为，东鳞西爪，仍属一种不能了解之现象。所有人类之行为，均甚复杂者也；其主要部分之足以说明其余一切者，或系个人之意志，或系数人合意之惯例，换言之，即系一种心理现象之分析未清而又具有表象者也。经济事实所以与政治事实相同，其理由即在于此。是故所有历史之著作非保有此种心理性质不可，盖惟有此种性质方足以使吾人了解此种现象也。凡需有条理之编比之事实皆属表象之事实也。

因有此种必要遂产生三种重要之消极结果。吾人虽欲根据比论应用他种科学上之方法于社会科学中，因之亦有所不能，或至少足以限制此种方法之应用于某几种附属特殊事实（人类学上者或工艺学上者）之研究。

（一）最直接而且在历史上最早之尝试为应用算学方法于社会科学中。法国克特来（Quetelet）实开其端，而波多（Bourdeau）在所著《历史与历史家》（*L'histoire et les historiene*）中甚至欲以算学方法研究历史之事实。根据此法，先分事实使之以类相从，并计其多寡，然后比较各类数目而断定各类事实间之关系如何。关于并时事实之研究即先计各类事实之数目，然后根据数目以断定各类事实之轻重。例如波多主张吾人欲断定某一书在社会中之影响如何，则计其出版数目之多寡即可窥见其梗概。此种方法之根据在于混分量与数目为一而不分。

其实社会科学中之分量仅能应用于少数不甚重要物质状况之上，如身材、年龄、物产重量、钱币价值等习见之物是也。此种分量固能供给一种有用之消息，然谓其能表出一个社会，或甚至一种社会现象之实情则势有所不能。对于其他统计之事实，数目所代表者仅属一种计数。然当吾人计数时，必先着手明定此种现象在习惯中之形式为何，或甚至取一种具有惯例特性之事实如婚姻、犯罪等等。计数所表者不过在吾人所计之现象中此种惯常性质发现之次数而已。此种性质往往仅属于一种之表象，然吾人不能计其表象，更不应将表象之数目相加以建设科学之命题。吾人固可计算罪案、自杀、离婚及私生子等之数目，然吾人根据此种数目所得之结论将为何物耶？吾人所比较者本非等量之物也，或甚至并非可以数计之物也。在信仰异端亦视为犯罪之国家，暗杀之凶手与异端之信徒间其果有共同之关系乎？数目为物固未尝无用，因其对于吾人必须研究之一种反常现象，有时可予吾人以相当之观念也。然就其本身而论，对于此种现象迄不能下相当之结论。且数目所能应用者仅属吾人所已深知而且范围甚明之现象而已；又因其不能探讨现象之性质也，故数目并不能分别现象之种类。吾国近日有人主张以统计方法用诸正史之列传，以冀藉以明了各地人才及文化盈虚消长之情形者，盖于此似未尝致意也。

（二）为时较近为用较多之第二种尝试为应用生物学方法于社会科学中。人类既属生物之一支，社会事实既属人类之产品，则视社会演化为合于生物之定律，并视社会科学为生物学之一支，似均理所当然。实则一部分之社会事实如疾病、生产、死亡等固均属生理上之事实，故吾人可有人类现象之生理学，而在事实上吾人亦有此种生理学，即所谓人类学或人种学是也。然此种科学实摈弃社会事实如经济关系及大部分统计所得之事实等于研究范围之外。此盖因此类事实决非生理学所得而说明。此类事实固亦有其物质之部分；然与政治上、艺术上或宗教上之事实同；同为人类行为之必要条件。至于事实本身，则皆属惯例与信仰（即表象），决非生物事实之知识所能说明者也。

　　吾人在社会科学上既不能直接利用生物学上之知识，遂以为至少不妨假借生物学上之方法与定律直接引入社会事实之研究中。因此遂将生物学上之名词加诸社会事实之上。个人则称之为"细胞"矣，制度（即惯例及规则）则称之为"器官"矣，人类习惯则称之为"器官之机能"矣，人群因某种共同关系如语言、政府、宗教等而造成之团体则称之为"组织"矣。抽象之性质既变成具体之机关，一种暗比之制遂以成立。于是遂以生物学上直接观察所得之定律应用于此种暗比之上：如机能之优劣也，环境之适宜与否也，物竞天择也，进化退化也，器官之发展也，皆是也。

　　吾人如欲应用此种方法于社会科学之上。第一条件应证明一种生物之组织与一个社会之组织完全相同，或至少其性质应大致相似。

第九章 并时事实之编比法

此处所谓社会指具有同样习惯、同样风气或隶属于同一统治者之人群而言。然吾人所能表明者仅一种暗比之比论而已。殊不知社会事实与生物事实之间实有一种根本不同之特性，即心理的特性是也。神经中枢之机能与中央政府之职务固属相似，然仅系一种暗比之相似而已。神经中枢之作用出诸生物学上之进程，而中央政府之职务则出诸心理学上之进程也。正当之方法不能自始即绝对置社会现象之根本性质于不顾。在社会科学之研究中，表象观念切须始终保存，此则决非纯粹生物学上之方法所能办到。无论如何，吾人如必欲应用此种方法，亦只能以研究生物之现象为限。吾人尽可否认研究他种现象之可能，而且公然否认心理上之事实，然决不能破坏此种现象以求其能与生物事实之形似。根据此种暗比之方法，吾人所能得者仅一种文字上之科学而已，此于事实性质及关系之了解上决不能有所裨益，盖吾人于此必先将此种暗比文字中之事实翻成社会事实本来所用之文字——即一种心理学上之文字也。

（三）第三种之尝试，其性质又异，是为一种混合方法之应用，即以心理学为出发点而在编比时则适用论理学者也。十九世纪初半期之经济学即通常称为正统派者实为此法中之最完备者。凡属自分析入手之科学，其研究方法均以此一般原则为出发点。吾人先之以一种暗比上之分析，即心理上之分析，试观察极习见之社会现象。例如交易，吾人须研究此种现象所依据之心理现象何若。吾人辨别其中最寻常而又可视为最重要之一二种，即供给与需要是也，乃纳之于一种原则之中。吾人自此可用归纳方法以寻求人类因谋贵出贱取之利而产生之行为为何。此殆为一种临时过渡之方法，目的在于确实其正当之印象，以便研究构成一种卖买行为之他种心理事实，并用观察方法以研究此种事实与实质之关系。然吾人每忘却回返于观察，吾人自此种最初所见之抽象原理即用归纳方法以断定独受此种表象之影响而产生之结果为何。而此种归纳所得之物吾人称之为定律。此种进程一部分颇与算学上之方法相同。然吾人如欲以此种算学上抽象之理论应用于实质之上，吾人每将实质上之他种原质纳入计算之中，而仅将无关紧要之微量除外。在合理之社会科学方法中，吾人每不加思索仅根据一种单独之原质以计算其实质焉。

是则上述算学、生物学及论理学之三种方法均不甚正确。吾人如引用于社会科学之中，是吾人实为虚伪之比论所误。吾人可用历史以证其不合之处。吾人至今尚无一史家抱有应用此种方法于历史之意。盖亦有其事实上之理由。史家所能运用之材料，其心理特性甚为显著，断不能漠视不顾焉，此史家所以不致为生物学之错觉所误也。史料之含有数目者甚少，此史家所以不致误信历史事实可以变成数目之谬说也。史料性质极其复杂，此论理学上之抽象理论所以不适用于历史也。是故史家不至误入社会科学之荆棘中者，实因历史性质极其混乱之故。此种混乱盖足以取消史家提高历史为科学之要求，而阻止历史模仿他种科学而现出科学上之外貌也。

是故历史研究法之为物虽至今无甚进步之可言，而却大有造于社会科学之研究。因其对于不顾社会事实上心理特性之方法，不顾社会事实不能衡量之方法，以及不顾社会事实必须联络之方法，皆能一一指出其谬误而不致轻用之也。吾人依据上述讨论，可得一部分实际之规则如下：

（一）历史之为物能使吾人了然于所有社会现象必须以观察方法研究之以求得其心理之基础为止境，所谓心理之基础即人群公有之意思及表象是也。因之吾人必先决定在人群各种不同之事情中，人类共同之意思与表象为何。再决定所有事情中人类共同之意思与表象为何。其可用以描述与说明社会事实者盖即此种共同之特性也。此外并须决定含有此种意思与表象之人群为何。所有社会之研究非自此种初步之考查入手不可。

（二）历史之为物能使吾人了然于一时代中各种不同社会习惯之并存，依据各种不同原则所组成之社群，及各群之互相牵制；同一个人所组成而又互相冲突之政治上、宗教上、语言上及经济上之各种团体，及语言同宗教同而政府不同之民族。历史对于团体及组成团体之个人均不能不加以注意。下述规则之应用于社会事实之编比，即为历史所许者也：吾人必须确定此种现象究产生于何种社群，而各社群究由何种个人所组织。是故吾人不必视人类社会所代表者为生物学上之组织而忘却研究此种组织之成分；实则吾人对于集合名词正宜加以切实之分析而发出下列诸问题：吾人所研究者为何种团体？此种团体以何种线索（政治的，经济的，语言的）组织而成？其为单纯之团体乎？抑为多群之混合体乎？如为多群之混合体，其属群为何？吾人所研究之社会事实产生于何地及何时乎？

（三）历史之为物能使吾人了然于一个社会之中可有多种不同

之事实，换言之，即多种不同之状况与习惯也。历史不能直许吾人预知一切事实以为研究之根据，亦不许吾人细绎其结构以为编比之预备。盖唯有观察现在方可使吾人认识社会之现象也。然历史之完成此种直接研究盖有二途：（1）研究一个社会中所有各种之事实，使吾人不致忘却某种事实范畴之存在，此盖专家分内事也。（2）研究各种不同之社会使之先知各种社会组织之不同。其实以一般问题应用于一切社会，乃习于以一般眼光观察人类之史家应有之观念。一旦为历史需要而建设之，则此种方法即可移用于社会科学；吾人至是乃得一普遍之问题，所有可能之社会现象均一望可知，且可藉以为编比所有现象之根据。

（四）此种综合计划之利益，非专科学者所能了解。唯有史学进步之经验足以诏示之。现代史学上最大进步之一即为然于社会中决无独立之事实：一个人或一个人群之行为与习惯均互相关联，互相影响，而互为因果。吾人对于种种事实加以门类之分别，此盖纯属抽象者也。就事实本真而论，社会中决无所谓特殊经济的、宗教的、科学的或政治的之事实。各种人类与各种习惯常在互相牵制之中。此中关系有时称为"综合性"（Complexus），德国人则称之曰"联带性"（Zusammenhang）。

二、编比之方法

——社会之一般状况——主要社会现象表

此种社会事实互相影响之探讨实为历史研究之一大目的。然社会科学之起源本已有其特殊之性质，故遂有流为专科研究之倾向，即以细究一种抽象之事实为限是也。科学之自然进程为分别研究各种活动所产生之社会现象，集同一类之现象于一特殊之范畴，并于同一范畴中之事实间探讨其关系，而始终置他种事实于不顾。语言学家专究语言上之事实，经济学家则专究经济上之事实。然吾人之研究若仅以一种事实为限，则吾人仍无了解此种事实之望也；盖此种事实本与他种事实有关，且亦因有他种事实而后方能存在也。是故无论何人凡专事研究一种特殊之社会现象者，对于联络人类一切活动之综合性不可不特加注意焉。

吾人须知社会事实与解剖学上之事实完全不同。社会事实之门类并非真相之一片一段，乃纯属一种抽象之辨别而已，盖一人或数人之行为或状况，通常以暗比得其名义者也。朱熹尝曰："今人见说仁义礼智为性之体，便疑实有此四块物磊块其间，皆是错看了也。须知性之为体，不离此四者，而四者又非有形象方所可撮可摩也。但于浑然一理之中，识得个意思情状有界限，而实非有墙壁遮拦分别处也。"凡此所言正可为吾人此处所述者之注脚。错误机会因有此种抽象之类别而益增。故吾人对于上述之一点,尤有注意之必要。吾人而欲了解此类之事实,须始终毋忘其为生在社会中个人之境遇、行为及状况;并须明了其在社会各种事实浑仑中之位置为何。此实科学上一种公有原则之应用也,将事实分析以研究之,然后综合以了解之。

下列问题即为所有社会公有之重要现象,其一般之范畴为何即此可以窥见其大纲矣。

(一)物质状况。可分为二种:

(甲)人体——此为两种研究之原料。人类学,各人种肉体性质之一般研究;人口学,普通人体现象及其数目比例之地方分配。

(乙)一般物质环境。可再分为:自然环境,即地理学之对象,及人为环境,即人类经营之结果(种植、建筑、运输用之道路等)。

(二)智慧习惯。其主要者为:

(甲)语言文字。

(乙)美术。

(丙)专门技术。

(丁)宗教。

(戊)道德与玄学。

(己)科学。

（三）非强迫之物质习惯。

（甲）物质生活之习惯，营养，衣服与装饰，身体之修饰，居处。

（乙）私人生活之习惯，时间之使用，礼节，娱乐。

（丙）经济习惯，生产（农业、矿业、工业），运输，交换分配，移转及契约。

（四）社会制度。

（甲）产业制度及承继制度。

（乙）家庭。

（丙）教育。

（丁）社会阶级。

（五）公共制度。

（甲）政府人员之补充与组织（中央政府与特殊职务），行政法规，政府行政之实际手续（中央及特务）。

（乙）教会之组织、补充、规则及实际。

（丙）地方政府之组织、补充、规则及实际。

（六）自主社群间之关系。

（甲）国际关系人员之组织。

（乙）条约、规则、公共习惯之足以形成正式或实际之国际法者。

第十章 连续事实之编比法

一、社会之变动

——变动与演化——社会演化与生物演化之不同

著作历史最后之一步即为连续现象之编比，以期达到演化情形之描述。

何谓演化？演化之性质为何？吾人研究一类连续事实所得之初步观念实为变动。在所有社会现象之秩序中，吾人或比较一国之全部组织，或比较一国中前后两时代之组织，吾人每觉各种情状并不前后相符。此种时代上之殊异，即变动也。然所有变动并不尽属演化。如一种情状自前一时代至后一时代而有所变动，迨至第三时代而又与第一时代同，此则仅属一种摆动而已。如一类连续之情状各不相同。唯其不同之处并无一定之规律，又如在一类同样之情状中，第五种与第一种较第三种更为相似，此则仅属一种差异而已，非演化也。所谓演化必系一种专向一方未尝间断之变动。实则指今日情状之渐异于古者而名之曰演化，此种说法显系一种暗比，将连续之现象视同链条，愈展则离其起点愈远。

演化实为所有研究生物科学中之根本现象，而在历史上其地位尤特为重要。历史本系一种研究社会演化之科学，故演化问题在历史上较在其他各种科学上尤为必须研究之问题。至于社会科学之研究每有忘却演化之危险，盖社会科学所研究之时期往往甚短，演化之迹不易感觉也。而且社会科学每欲向生物学假其演化之观念，故社会学家往往应用生物学上之定律——如自然淘汰、生存竞争、最适者存等——以解释社会之演化。根普罗维支（Gumplowicz）及巴坦（Patten）二人之著作，即其流也。

一个社会或一种习惯之演化，其情形与一种动物之演化完全不同。所同者仅系一种继续之变动而已。然就变动之进程而论，吾人先验上实无物足以表明两者之相似，而在事实上则吾人虽亦尝随意利用遗传及淘汰等同样之名词，其实两者亦相去甚远，盖社会现象与生物现象之性质根本不同也。在生物学中所谓演化纯系一种生理上之进程；所谓遗传纯系一种生理上之作用，父母以生理上之进程传其生理上之气质于其子女；所谓淘汰亦纯属生理作用也。至于社会之实质则不然，其情形远较复杂，一部分固属之拣选也。故此种演化之进程与生理上之进程，仅有一种暗比上之相同，而非实际上之真正相似，而且两者所得之结果往往相反也。

二、变动之分析研究

——各种步骤及考证上应注意之点

研究社会事实之演化,其道若何?吾人于此,可用所有科学研究中必要之格言以解决之:即必先分析而考订之,然后综合而了解之,是也。

吾人应将各种演化分析而研究之。

(一)吾人应将各种社会事实分门别类,然后分别研究各类事实之演化为何。此种工作之步骤有如下述。

第一步为明定吾人所欲研究其演化之一类事实。此实一种抽象之谈也:吾人尝谓吾将研究某一类人类之行为或某一类物质之状况,或各范畴中之比例,或一种习惯,或一种制度等。皆因吾人为研究上便利起见主观之分别也,而非事实固有之真相也。吾人为不忘事实固有之性质起见,必须常常念及此种门类之分别纯属主观抽象之说法。吾人在研究进程中并不可随意变更吾人所给与此种事实之名目也。

第二步为决定吾人所欲研究演化现象之种类。此事属何种?其范围若何?吾人须注意有时吾人所研究之事类,既着手之后,每有另一名目相同之事类起而代之。如一类事实虽能始终维持其内涵而不变，然其范围有时扩大，有时缩小，则吾人须常追随其张弛情形而伸缩吾人之工作。例如吾人如果从事于研究宋元两朝时中国之演化者，对于宋之疆土之自北而蹙，与元之疆土之向西扩张，均不能不注意及之，决不可视当时之中国为常在一定之领域中也。

第三步为决定吾人所欲观察演化时间之长短及年代上之时间。吾人仅欲研究某一时代两端之情形乎，抑欲研究其中间经过之情形乎？同时并有下列一附带之问题：即吾人所欲研究之演化已有充分之史料否乎？

（二）吾人既比较各时代各种不同之现象，因之得一演化之大概情形。吾人已知某期初之状况与某期末之状况之不同。然此种不同之点，吾人仅能以数目或叙述表示之而已，不能说明其演化之继续情形为何也。

吾人于此，有一考证上应注意之事焉。某一期始终之两端是否事实上可资比较，而得一现象之大纲？此两端所表示者，仅吾人所知之现象而已，非真实之现象也。吾人如欲加以比较，必须具有充分之知识。吾人研究1912年及1921年两年中上海一处自杀或犯罪之数目，须知此种数目仅就此两年中吾人所知者而言。比较所得之演化，亦仅属吾人所知之犯罪与自杀而已。吾人须再进一步而研究实在自杀与犯罪之真正数目及真正演化为何。吾人今日明知所谓百年一次之统计数目与百年一次之实在数目其相差极远；而且在内政不修之国家此种表里不符之统计亦往往较政治修明之国家为多。例如我国统计之不可恃当然较甚于美国。如吾人见一表里格外不符调查较不精密之百年统计,吾人其可断言此种演化之日渐扩大或日渐缩小乎?是故吾人欲从事于比较,必根据价值相同之资料而后可。此种必须注意之点,当然由历史研究中得来,盖历史上材料数量之多寡及其价值之高低最为不等,吾人偶不经意,即将产出荒谬之结果以贻笑于方家也。

三、演化之比较

——统计方法——心理方法——演化之历史进程,习惯之变动,个人之更替——科学结论之条件

吾人既将社会演化分门别类而考证之,乃不得不再综合以了解之。

普通社会科学之方法多用统计上之比较:吾人已尽力以建设之矣。所有现象既皆可用数目表出之,则演化情形当然可以算数表代表之,或以曲线图代表之。吾人对于此种算数表与曲线图当然加以比较以便明了其间是否有继续不断之关系。如果并无关系,吾人即可断言此种事实必系某种独立原因之产品。如果各种曲线同时殊异,吾人即可断言此种演化间必有相当直接或间接之因果关系。然欲以此种方法辨别因果关系之为直接或间接,殊不可能。当吾人比较犯罪与教育之曲线时,或比较物价之异同与罢工之次数时,或比较婚

姻之数目与面包之价格时，即系如此。而且仅仅考察数目所得之关系观念，亦未为足也，盖此系一种由心理想象而来之假说，藉数目以证明之者也。盖在社会现象中，吾人虽只有藉统计方法以获得物质状况、人类行为及各种产品等事实；然此种行为及产品仅属内心现象之结果而已；至于物质状况充其量皆属消极之范围。凡一种社会现象之产生，必有其各种必要之条件。然仅具此种条件，尚不足以产生社会现象也，其间必常有人类之存在方可。

产生社会现象之直接原因，亦即所谓决定社会事实之条件，皆属内部之状况，即所谓动机者是也。此非统计方法所能为力者也。是故吾人果欲说明所有社会事实之演化，非直溯心理之原因不可，而此种心理现象决非统计方法所能研究也。

是故演化之最后说明，不能不求援于心理方法，此即历史方法也。当一种社会事实之量数或形式忽起一种变动，则此种演化之外部条件上或人类内心状况上必有一种变动为其原因。故吾人须问：在人类行为之动机中或在此种动机之外部条件中，有无变化？吾人如欲解答此种问题，非将各种可能之变动均分别加以精密之研究不可。

吾人果欲解答上述之问题，只须将研究并时现象之问题加以复习且检阅所有变动之大范畴即可矣：人种也，环境也，理智习惯也，物质习惯也，经济习惯也，社会制度也，政治制度也，凡此皆足为一种变动之原因。吾人只须辨明何种变动足以影响某一种之演化。

吾人于此决不可以为各种社会现象之演化真与有机体无二也。

吾人通常所用"文字之生命""文体之演化""信仰，法律，或制度之演化"等语，实系一种危险之暗比。所谓一种文字，一种美术作品，一种信仰，或一种制度，皆不过抽象之物而已。抽象之物决无演化，演化者唯有生物而已。历史上叙述抽象之物之演化——如教会，如王室，如财政，如哲理等——极其危险。吾人固未尝不可用抽象文字以求叙述之简括，然吾人果欲了解事实之真相，则非将幻象与真相之泾渭分明不可；并须追求原因以达于真相。所谓真相，即人类是也。

吾人利用问题法以研究社会之演化，吾人每能发见产生演化之动机之变动情形。此种人类动机之变动，骤视之每觉广泛而模糊。例如吾人大体可以见到近年吾国青年因受自由恋爱学说之影响，离婚之风气遂至较昔为盛是也。

然吾人须视此种集合之动机为个人动机之总和，方能了解集合动机之真相。吾人先想像何者为人类演化之开端，何者为人类演化之结局；于是再自问人类中或其环境上有无某种变动足以引起此类之演化。

社会变动之途径有二，须加辨明：（一）人类实际上变更其行为之方法或行动之规则，此或因观念变动而出于自愿，或因受物质环境限制之所致，或因受政府或其上属意思之逼迫而不得不然。（二）某时代开始时之人皆已去世，他人（无论其后裔或外人）起而代之，其行为方法因动机或习惯之不同，与前者迥异。

人类生命之得以维持，在于世代之继续罔替，此为历史上之根本现象，殆亦为社会演化之主要原因。团体如教会公司及行政机关等之演化即由此而生。团体名目依然如旧，而其中分子则常有新陈代谢之观。吾人稍不经心，即将为此种名义所误，而视为一种有机之演化。人类之社群亦然，吾人欲明白其演化情形，必注意人类世系之新陈代谢。史家对于此种现象已知注意及之；而社会科学家对之则往往忽略不顾。盖此辈所研究之演化时期较为短促，故人类新陈代谢之迹不甚显著，固无怪其疏漏矣。

用心理之变动以解释演化之情形，在统计方法上有明白易晓之利益，然此种解释仍属一种假说而已。社会变动之原因或可藉此求得之，然吾人不得遂谓此外别无他种原因之存在。如欲得一科学之结论，吾人不能不应用一种方法焉，即将各种演化集于一处而比较之是也。此种方法实为史家所不常用，而社会科学家所不慎用者也。

然若仅将各独立社群中之某一种现象合而较之，仍未为足也。吾人在比较言语学、比较神话学、比较法律学上之工作；以及比较中国人、希腊人、罗马人与日耳曼人，某一种神话或某一种法规之演化，即属此类。此种抽象之比较，初不能予吾人以变动之原因，仅能助吾人明了各种事实之性质而已。吾人所当注意者本系社会之全部，故应从比较几个社会全部之演化入手。必如此而后吾人方能了然何种现象在某几种演化中缺普遍之性，何种现象在某几种演化中有一致之观，某几种现象永远分离，某几种现象时合时分。分析各种现象之方法，唯赖实验。今既不能实验，则唯有比较全部之一法以断定何种现象为大体相联，何种现象为各自独立。然此种工作非单用一种社会科学方法或一种历史方法所能进行，盖前者对于社会之观察为期甚短，后者对于社会之观察又嫌不精也。故必合两种方法而同时用之方可。夫而后研究人类社会及其变动之科学方有建设成功之望焉。

下编 社会史研究法

第十一章 历史之种类

一、中国史学之发展

——编年史——纪传体——纪事本末——浙东史学之世系支派

吾国史学之发展大抵可分为三个时期：第一期自孔子作《春秋》以迄荀悦述《汉纪》，前后凡七百余年，实为吾国史学上两种主要体裁——编年与纪传——由创造而达于成熟之时代。荀悦而后以迄于北宋末年，其间约千年，吾国史家除继续发挥编年与纪传二体外颇能致力于通史之编纂，然所谓通史乃《史记》式之通史，非吾人今日之通史也，故此期可称为旧式通史之发挥时代。南宋之世实吾国学术融会贯通之一大时期。自古以来儒释道三大宗门之思想至是皆始成系统，而儒家一派独演化而成所谓浙东之史学以迄于现代。故此一期实为吾国史学形成派别并大有进步之时代。兹请略述三期史学演化之经过。

　　吾国纯粹史籍之留存至今者当以孔子所作之《春秋》为最古。以事系日，以日系时，实为中西史籍最初之雏形，而编年一体遂成吾国史籍中开山之形式。孔子之后再过五百年而有司马迁之《史记》。《史记》一书仿《春秋》而为本纪，仿《左传》而为列传，此外别创八书以纪载天文、地理及其他各种制度。其义例之精与取材之当，实为古今中外史籍之冠。自司马迁创纪传体之历史而后，不特吾国之所谓正史永奉此体为正宗，即吾国其他各种史裁如方志、传记、史表，亦莫不脱胎于《史记》。司马迁之得以千古不朽，诚非无因。此后班固仿纪传体而作《汉书》，荀悦仿《春秋》《左传》而作《汉纪》，虽对于司马迁与孔子所创之纪传编年两体略有变通，为世人所称道；然就大体而论，究觉因袭之处多而创作之处少。其他作者类皆陈陈相因，别无新见。唯编年与纪传之二体则已日臻成熟之境矣。此为吾国史学演化经过之第一期。

　　自荀悦而后以迄北宋之世，吾国史家一面继续发挥编年与纪传二体，一面颇能努力于通史之编纂。言其著者则有梁武帝之《通史》、司马光之《通鉴》、郑樵之《通志》，以及袁枢之《纪事本末》。凡此诸作之宗旨莫不在于贯通古今。然吾人试一考其内容，则《通史》与《通志》之作意在推翻班固之断代而恢复《史记》之规模，司马光之意则大体仿自荀悦，实欲融会纪传体而反诸编年以规复左氏《春秋》之旧。故今存之《通鉴》与《通志》虽不失为吾国史学上之名著，然大体仍未能脱《春秋》与《史记》之成规，与现代西洋学者所主张之综合史相去仍甚远也。唯此期中有刘知幾之《史通》，及袁枢之《纪事本末》两书：前者对于吾国自古以来之编年与纪传两体下一详尽周密之批评，隐为吾国旧式之史学树，完美之圭臬；后者依据《通鉴》，别辑成书，因事命篇，首尾完具，其所得结果无意中与现代新史学上所谓主题研究法者不约而同，实为吾国史籍中最得通意之著作。然就大体言，此第二期史学之演化，仍属旧式通史之发挥，初无新法之创见也。

吾国学术思想至北宋末造经一番融贯之后，大起变化。儒释道三家思想至此皆面目为之一新，各成为极有条理之派别。释家思想经儒家之陶冶成为陆王一派之心学，道家思想经儒家之陶冶成为朱子一派之道学，而儒家本身则因程颐主张多识前言往行以蓄其德之故蔚成浙东之史学。故吾国学术至南宋而后成为三大宗门，吾国史学亦至南宋而后始独树一帜，南宋之世实吾国文化史上最灿烂之时期也。

吾国南宋以前之史家虽亦不一而足，然史学之发展不成系统，具如上述；而且经史文三种学术往往混而不分。或轻史重文，成喧宾夺主之势；或以经驾史，抱褒贬垂训之观。故学者之于史学或视同经学之附庸，或作为文学之别子。史学本身几无独立之地位焉。自南宋以后，浙东史学大兴，当时道学家至诟浙学为知有史迁而不知有孔子，其盛极一时之情形，即此可见。

初辟浙东史学之蚕丛者，实以程颐为先导。程氏学说本以无妄与怀疑为主，此与史学之根本原理最为相近。加以程氏教人多读古书，多识前言往行，并实行所知，此实由经入史之枢纽。传其学者多为浙东人。故程氏虽非浙人，而浙学实渊源于程氏。浙东人之传程学者有永嘉之周行己、郑伯熊，及金华之吕祖谦、陈亮等，实创浙东永嘉、金华两派之史学，即朱熹所目为"功利之学"者也。金华一派又由吕祖谦传入宁波而有王应麟、胡三省等史家之辈出，金华本支则曾因由史入文，现中衰之象。至明初宋濂、王祎、方孝孺诸人出，一时乃为之复振。唯浙学之初兴也盖由经入史，及其衰也又往往由史入文。故浙东史学自南宋以至明初，即因经史文之转变而日就衰落。此为浙东史学发展之第一个时期。

迨明代末年，浙东绍兴又有刘宗周其人者出，"左袒非朱，右袒非陆"，其学说一以慎独为宗，实远绍程氏之无妄，遂开浙东史学中兴之新局。故刘宗周在吾国史学史上之地位实与程颐同为由经入史之开山。其门人黄宗羲承其衣钵而加以发挥，遂蔚成清代宁波万斯同、全祖望及绍兴邵廷采、章学诚等之两大史学系；前者有学术史之创作，后者有新通史之主张，其态度之谨严与立论之精当，方之现代西洋新史学家之识解，实足竞爽。此为浙东史学发展之第二个时期。

唯浙东史学第一期之初盛也其途径乃由经而史。及其衰也乃由史而文。第二期演化之经过亦复如是。今人之以文学眼光估计全氏之《宋元学案》及章氏之《文史通义》者，不一其人，即其明证。此殆因吾国史籍过于繁重，科学方法又未盛行，遂致研究历史者或陈陈相因不能有所发明，或避重就轻退而专意于文学。浙东史学之盛极难继，盖非偶然矣。

二、西洋史学之发展

——上古时代之历史，中古时代之历史，文艺复兴时代之历史——专史与通史——专史之产生，世界史，全史

西洋历史之学创自希腊人，然希腊文中历史一词之谊为证据，其义甚泛，与后世名史修昔狄第斯（Thucydides）及波利比乌斯（Polybius）诸人所造成之历史不同。根本上历史之为物乃饶有兴趣之人类事实之值得叙述者。因有此种广泛之观念，故在事实之选择上于范围广狭、事实种类两方面均产生一种极端之差异。观察之范围推广甚速，初自希腊城邦之狭小范围直至今日历史观念扩充至所有人类知识之领域，先后不过二千五六百年耳。故自波利比乌斯以来即有世界史——此当然指当时西洋人已知之文明世界而言——之出现。此种历史之世界概念由西元后四世纪之教会著作家如圣耶罗默、圣奥古斯丁辈传至日耳曼蛮族入侵后数百年间之编年史家；再自阿波卡利普西斯（Apocalypse）得到一种划分历史之标准，即君主之承继是也。此种概念自此贯彻中古时代之全期，直至波苏哀著述《世界史论》（Bossuet: *Discours sur L'histoire universelle*）为止。

至于充历史材料之事实种类，古人依违于二种方法之间：

（一）始终选择有裨于实际知识之事实，此系修昔狄第斯之观念，而波利比乌斯实完成其方式。史家往往一意搜集足以教训政治家或军事家之资料，其结果为军事史与外交史。此类历史至今在史籍中尚占重要之位置，即吾国所谓垂训主义之历史者是也。

（二）凡笔述或口传之传说不加别择概予搜罗，此即大事纪之体裁，源出希腊，而大成于罗马。历史家对于一切事实无不兼收而并蓄之，包括异事、奇闻、水灾等〔在第杜斯·利凡（Titus Livy）著作中及塔西佗（Tacitus）之《大事记》中均留有痕迹〕，即吾国所谓博闻实录之历史者是也。

继垂训主义及博闻实录而起者为文学之成见。史家每欲于此求其发表议论（如第杜斯及利凡）及抨击他人（如塔西佗）之机会。历史至是遂成为一种混合之叙述，盖合实际事物之教训与一种闳辩之方法而为一，即吾国所谓夹叙夹议之历史者是也。此种体裁，初则由中古时代之编年史家模仿之，继又由文艺复兴时代之史家及其后起者发挥而光大之。直至十八世纪时，欧洲人之历史概念此外尚无他种之进步。总之西洋十七世纪时之史家就其科学态度而论，固无一人能超轶古代之史家也。

历史成为一种科学之研究乃由另一方面而来。自博学之道兴，学者始习于古代书籍之研究，并叙述各种性质不同之事实以评定古书之优劣，此即德国人所称为"实学"者也。学者自此专心搜集关于中古时代习惯、制度、语言、文字之史料及事实，专著及类纂因此出世，间亦具有实用、司法或神学之性质。循至后来，有系统之研究卒自此种混乱广大之运动——此种运动之关于罗马法者实始于十六世纪以前——中脱颖而出。西洋学者对于此种研究或称之为古物学或称之为考古学,广泛模糊,历时盖甚久也。此与吾国清代所谓"朴学"者颇为相似。

日久之后,西洋学者渐以一种历史研究法研究已往之事实,并依年代次序而编比之,此在德国各大学中最为风行。于是西洋始有各种特殊之历史,如文字史、语言史、教会史、宗教史、法律史、文学史、建筑史、雕刻史、制度史、风俗史等。此种专史本为全史之必要部分;唯各成自主之一支,各有其专门之作家及特殊之传统习惯。史家之注意此类事实者既寡,故此种专史之创造多非史家之功。此种专史往往自取独立科学之态度。盖历史上特殊事实之为数极多,吾人欲视同普通历史研究之,实际上已不可能也。而专史遂亦不能不依年代与地域而划成范围,以国家与时代为界限;每一种专史更分段落。是故吾人既有宗教史、法律史、文学史,同时又有埃及史、亚述史、希腊史、罗马史、法国史、英国史,并有中古史、近世史、现代史也。

历史之分支既多,通史之范围当然因之而缩小。旧日概念所视为服务公家可资借鉴,而且在历史中占有最大地位之各类事实至是皆变为专史之原料,如外交史、军事史、宪法史是也。此类事实至今仍保有此种特性或至少保有此种要求,而仍继续为官吏、外交家与政治家之实际教训也。

此后西洋人之通史概念又逢一种劲敌而经过一种危机。此即世界史之概念是也。所谓世界史盖指包括古今所有民族之历史而言，此种概念本发生于古代。自西洋古代人所不知之地如中国、日本、印度、美洲等加入欧洲人之知识中后，世界概念在十八世纪时遂大形扩充。法国福禄特尔之《风俗论》（Voltaire：*Essai sur les Moeurs*）即为含有此种概念之著作，其后此种概念传诸德国之什罗色（Schlosser）；并由什罗色传诸德国海特尔堡派（Heidelberg）之史家，而韦白之《世界史》（Weber：*Weltgeschichte*）即渊源此派而来。世界史之范围既日形广大，故至十九世纪后半期遂为西洋学者所摈弃。此辈以为世界史所根据之观念在于假定人类演化有全体一致之观，其实并不如此；故此种历史实违反科学之真谛。此辈乃易以较有限制而仍属广泛之名称，在德国谓之"全史"（Allgemeine Geschichte），而以叙述地中海及大西洋沿岸一带之西洋文明民族史迹为范围，有时并附以远东民族史。然此种名称之意义仍属广泛异常也。

一套之专史如风俗、美术、宗教、制度等之历史，无论其内容如何完备，决不足以使吾人了解社会之演化或世界之历史也。盖其所述者仅一种连续抽象之描写而已，而在所有此种抽象现象中本有其具体之连锁。此种现象或皆产生于同一人群之中，或皆为同一人群之产品。而此种人群又往往有其某种共通之伟业，如迁徙、战争、革命、发见等，为各种现象特殊之共通原因。例如吾人试究吾国魏晋六朝之文学，将见自东晋直至隋朝四百年间，所谓南朝之文学大体承吴语文学之后继续发展而成为南方新民族文学。至于北方则自晋分东西以后,直至北魏分裂灭亡时止,先之以文学之衰替,继之以文学之中兴,终至产出一种尚武好勇之新文学。文学之变化如此,不可谓之不繁矣,然吾人迄不能就文学史本身求其所以演化之原因也。此种演化本身极难了解。吾人如欲了解所有此种文学上之特殊变迁,将非求援于通史不可。盖唯有通史方述及东晋偏安之后中国文化实保存于东南之一隅,而北方则先有五胡十六国之大乱,继之以北方蛮族之华化,而终于北魏之完全屈服于吾国文化之下。是故所谓通史实即共通之历史。吾人于此可知所有专史之编著虽完备异常,而在吾人之历史知识中始终留有不可或缺之部分,此不可或缺之部分非他,即吾人所谓通史者是也。其特性在于描写具体之真相,叙述社会人群之行为与伟业。故通史之为物无异一切专史之连锁;通史中之事实无异专史中事实之配景。实际上此种共通事象之足以联络或驾驭人类之特殊活动者皆属影响及于大众及足以变更一般状况之事实。因侵略、移徙或殖民而起之民族移动也,人口中心之创设也,人群一般制度(如国家教会等)之创造或变更也,皆其类也。政治史之重要以及通史中政治史所占地位之特大,其故盖皆在此。

三、历史与社会科学之关系

——社会科学因其为史料科学故应用历史之考订——社会科学中研究过去之必要——社会史之分类

社会科学与历史究有何种关系乎？社会科学与所有其他科学同，先求事实之确定而后综合之。

吾人已曾述及当决定社会科学所凭借之事实时，历史研究法所占之地位为何。此种事实之获得，其方法有三：

（一）直接观察现代之事实。

（二）研究与现代事实有关之史料，此种现代事实因实际上之困难吾人无暇或无法可以观察者。

（三）研究与过去事实有关之史料，此种过去事实吾人已不能再施以观察者。

假使社会科学所用之方法纯属观察，则社会科学当然不必再向历史研究法求援矣。然欲用此种方法以搜罗一种社会研究上必需之事实，终嫌不足。是故甚至吾人欲了解现代之事实亦往往不能不求援于史料，而研究史料则又非用历史研究法不为功也。

历史研究法与直接观察之科学研究法之不同，纯在史料与观察报告两种价值之不同。观察报告者根据直接观察用一种谨严方法编述而成者也；史料者一种绝无方法之观察报告也。是故吾人对于观察报告可以不必再施他种方法而利用之，因撰人已施以相当之方法也；而史料之利用则非先事弥补撰人所缺之方法不可。此种弥补之功夫即考订是也。凡具有历史性质之科学对于考订之功均不能或缺，盖因其皆有赖乎史料，而为史料之科学也。

社会科学所用之消息，其编述之际既皆未尝施以谨严之方法，故社会科学亦为史料科学之流亚。因之吾人不能不施以初步之考订功夫，而适用研究历史之方法。吾人固亦可希望将来必有一日焉，所有社会事实之观察与统计，学者均能施以一种正当一致之方法如自然科学中之化学物理然；吾人可以无赖乎史料，而根据科学上之报告。历史研究法至是可以置之而不用。然吾人今日距离此种境状实现之时为期正复甚远。如此种境状一时未能实现，而吾人仍不能不利用残缺之史料者，则历史研究法即未尝一日可废也。

一旦事实搜集以后，科学上之第二步工作即为综合之编比。吾人尽可将现代观察所得之事实编比成章而不受历史知识之干涉。然吾人须知实际上欲构成一种社会现象之科学，仅知其现在之状况，究不完备。吾人固可纯在现在时间中研究物理上或化学上之现象，盖吾人所研究之种种关系本无分乎古今也。然即就生物现象而论，吾人如不明了其过去之演化，即不能完全了解其真相。人类之社会亦然，吾人至少须追溯其若干年之过去，而后可以了解其现状。盖所有社会之现象，或属状况，或属习惯，或属风俗；吾人欲完全了解之，非追溯此种状况、习惯、风俗等成立之情形不可也。此外吾人对于各种不同之社会中一切形式不同之现象，亦不能不加以比较之功夫，故在所有社会科学中总不免涵有一部分之历史也。

实际上社会现象之研究往往随有一种历史之研究，而取叙论之体裁。例如吾国之类书及西洋政治经济等辞典一类社会科学之类纂中即往往包有历史之条目叙述主要风俗习惯及政治制度或经济制度之演化，有时并追溯至上古时代焉。

普通意义中之历史，即过去事实之研究，在社会科学中亦有其相当之位置。此种历史显然唯有用历史研究法方可构成。本书第二编之题旨即为讨论社会史上历史研究法之应用。吾人将于此研究此种历史上特殊之困难，并求其编著之道如何，注意之点为何，及有何罅隙之存在。吾人并将探讨此种历史与其他各种历史之关系，以便明了狭义社会事实之演化对于他种人类历史事实之演化其相互之关系为何。

狭义之社会史仅系各种社会历史之一部分。吾人前曾列过一各种主要人类现象之全表。兹再列一历史各支之简表如下。

（一）物质状况。——人类学，人口学。——自然及人为环境之研究，自然及经济地理（人类地理学）。

（二）理智习惯。——语言文字，美术，哲学及道德，经济原理，宗教信仰及实际。

（三）物质习惯。——私人生活。

（四）经济习惯。——农产，运输及工业，商业，物品之分配。

（五）社会制度。——家庭，财产及承继之组织，教育及教学，社会阶级。

（六）公共制度。——政治制度，教会制度，及国际制度。

社会史包括第四类之全部（经济习惯），第一类之一部分（人口学）及第二类之一部分（经济原理）。至于第三、第五、第六三类则只因其与社会史有互相之影响，故亦有互相联络之关系焉。

第十二章 社会史之现状

一、各种历史现状之比较

——专著——特种纲要与普通纲要——社会史之落后

经济事实与人口事实之历史为所有专史中最无进步之一支，盖其事实已无从研究也。试将社会史之现状与其他各种历史著作较，无论其体裁或为专篇，或为类别史，或为纲要，吾人所得之结果总属相同：即社会史为最无进步之历史是也。

就专著而论，吾人唯有展开书目方可明白其实情。然吾人试展阅西洋各国之书目德国之淮兹（Waitz），法国之摩诺（Monod），英国之格罗斯（Gross），比利时之比郎纳（Pirenne），美国之昌宁（Channing）与赫德（Hart），即觉关于社会事实著作之无多，而且大部分皆系新近之著作。至于吾国，更无论矣。

第十二章 社会史之现状

当吾人既有相当可用之专著，足为吾人综合成书之资，则历史著作所取之体裁通常必属一时代、一地方或一类事实之类别史，例如文学史或某一时代、某一地方之制度史是。然吾人试浏览足为历史对象之各类事实，即知现在西洋所有历史之支派（绝对无材料可据者除外）莫不在十九世纪之中叶同出于一源。吾人有人种之历史（人类学）；世界地理之描写（自然环境及人为环境）；语言之历史（最进步之一支）；美术、文学、科学、哲学、宗教之历史；营养、服制、建筑、动产、习惯之历史；私人制度之历史（法律史）；政治、教会、国际制度之历史。吾人并亦有各地方及各时代之别史：埃及也，希腊也，罗马也，欧洲民族也，美国也，上古也，中古也，近世也，莫不有人加以特殊之研究。是以现在史学界可谓已不复有未曾探险区域之存在。其间虽不免有编著不善之历史，应加重订工夫，然就历史种类而论，其间殆已无未完之罅漏矣（有一支历史应除外，即实际道德或人类实际行为之历史是也。盖吾人如始终不能明了行为与习惯——包括经济生活在内——之浑仑，则此问题即无法解决也）。至于通史本为所有类别史中主要之体裁，则关于所有欧洲国家与自古至今各时代之国别史与断代史，已无不具备矣。

社会事实之历史最无进步。人口之历史，试作者几尚无其人，而且所有材料亦以臆度所得者为多。最简单现象之统计史，如物价史，在英国有杜克（Tooke）之纲要，继有罗哲斯（Thorold Rogers）之著作，在法国曾有模仿之人而未得其法；然凡此诸作均不过一种无方法无考订之尝试而已。

西洋经济事实之历史其开山较所有其他历史为迟，而其进步亦最少。吾人至今迄无各国之农业史。德国之农业史系新近之著作；至于伊那玛什泰伦内格（Inama-Sternegg）之著作离成功尚远，虽远胜前此之尝试，然终未能达到正确无疑之域也。工业史尚在专著时代〔唯英国因有肯宁汉（Cunningham）著作，可为例外；然亦仅有现代部分有历史价值也〕。运输史尚在支离破碎之域中，与商业史无异。商业与信用之历史亦尚未完备。所有关于此部分之历史仅有特殊制度之专著代表之，如铁路、财政、商约等是也。

足为法律史材料之私人制度中，其较著者为地产、家庭及承继。而进步最少之部分适为与社会科学有关之部分，即社会阶级之组织是也。至于财政制度为经济现象中之最显著者，则又为政治制度之一部分也。

是故其他各种历史均已进于类别史之域，如果编比有方，即可成为完备之全史，而社会史则至今几尚在专著之时期中。

凡此诸种历史之落后，尚有一事焉须论列及之，即其在纲要一类著作中占有何种地位是也。就其体裁而论可得三端：

（一）通史或世界史之纲要所研究者一般公共之现象也；所说明者特殊现象之演化也。吾人每先述政治上之事实及人口之变动。经济现象对于社会之演化有一种普遍之影响殆无可疑；是则宜为通史上重要之一部分矣。而在实际上则在通史中如格罗德、克西乌斯、蒲索尔特、迈尔、杜雷等（Grote, Curtius, Busolt,

Meyer, Duruy）等诸人之著作，及在哥塔（Gotha）所集之历史中与翁根（Oncken）之《通史》中（*Allgemeine Geschichte*）几皆未尝提及之。间亦有予以数章之地位者，如拉未斯与郎保（Lavisse et Rambaud）二人合著之《通史》（*Histoire Generale*）有纯关法国之经济史。英国之新巨著中如剑桥大学之《现代史》（*Modern History*）与牛津大学之《英国政治史》皆有小部分之叙述也。

（二）类别史之特殊纲要对于某数种历史早已有之，如宗教史、神学史、科学史、私法史、文学史、公法史等是。而经济现象之历史则至今尚未有也。至如德国《政治学字典》（*Handwörterbuch der Staatswissenschaften*）系一种众手协力之作品，然吾人试一察其所附之书目，则虽在第二次订正本中，关于历史之条目尚属一种专著境状中之研究；其间并无纲领足为吾人组织此等专著之根据。盖仅属一种孤立之条文依字母次比成章而已。

（三）断代史之普通纲要为历史著作努力中最有成绩之一体。吾人已有关于古代者。德国所谓《古物考》（*Alterthümer*）即其一例。此中最完备者当推墨拉（Iwan Müller）主编之类纂，以保罗（Paul）与格罗贝尔（Gröber）之《大纲》（*Grundriss*）为开端，而述中古之时代，并附日耳曼与罗马系之文学史。吾人试注意此种纲要中经济事实与他种历史之比例，即可见经济事实所占之位置为何。在墨拉九卷著作之中，此种事实成《私家古物》（*Privatalterthümer*）一段中之一小部分，在大纲中所占之地位尤小。即此可见西洋史家之研究尚未深入社会史中也。

吾人并可在定期书目中见其相仿之不平均。试翻阅法国郎格罗亚之《历史书目提要》（Manuel de Bibliographie historique）或德国一八九三年以来出版之《文学与政治学史杂志》（*Zeitschrift für Literatur und Geschichte der Staatswissenschaft*），即可见一斑矣。

此种情形为西洋社会史发展迟缓原因之一。直至十九世纪后半期方有一群经济史专家之出现。（此种类别史既与他种历史同由专家研究之，故其进步也甚速，在德国尤然。）然西洋社会史进步迟缓之情形亦有来自此种历史之种种特殊困难者：或原于社会事实之性质，或原于社会史料之性质，或原于此种事实必要知识之程度，或原于社会事实演化之形式等皆在其列者也。

二、进步迟缓原因之原于事实性质者

——事实之外部性质，史料之主观性质，事实主观部分获得之较易——各种原理之历史

社会史上之事实因其性质特殊之故，较其他各种历史上大部分事实之获得为困难。除经济原理外，此种事实皆具有外部事实之性质。以统计（人口志）所得之一切事实皆属物质事实。所有经济事实皆属物质行为与物质习惯：如种植之方法，工业之技术，工作之组织，运输，以及商业与买卖，投机及信用等之作用等。所有此种

作用之主观部分均变成表象与动机；然吾人不能不知其结果，即外部行为是也。是故所谓社会史实即有形物质事实之历史，而且具有物质结果者也。

此种情形，骤视之似足以担保社会史之真确；因其所研究者乃真正之事实也，非主观之想象也。法国孔德（Auguste Comte）之错觉，即源于此；彼误以社会学为一种实验之科学以之与主观想象之心理学相对，并直接自客观之生理学跃过心理学而达于客观之社会学。因之所谓社会史者每以孔德之研究方法解释之。殊不知孔德之方法固始终未尝运用实际之史料，而其对于史料与社会事实所必具之心理特质，亦始终不加注意者也。

吾人固知世间有过去纪念品之遗留至今及古物之保存不朽，足为客观研究之资料。凡此或系真正之遗物，如人骨或工具等，古生物学及前史人类学即借此而成立者也；又或属建筑物，足以供给建筑史之资料；又或属其他各种之古物，如珠玉、武器、衣服、石器、美术品、雕像、图画、器皿以及器具等皆是也。然此种物品除技术史外，在社会科学中并无相当之地位。实际上吾人研究社会史几纯用含有主观性质之各种史料，或系寓意（如图案与表象），或属笔传，所不同者仅传写之进程而已。盖二者皆系撰人给予外部事物之解释；所谓史料仅系一种撰人心灵作用——即主观作用——之结果而已。

所有史料既皆具有此种主观之性质，此不特在研究方法上发生重大之影响，而且亦足以说明吾人欲求社会史真确之困难。吾人最初自史料中得来者为撰人之概念，即其心灵活动所成之意像也。吾人唯有根据此种观念应用推理能力然后可以断定撰人所知之外部真相为何。无论如何，吾人只能迂回间接以达吾人之目的而且中途错误之机会甚多；盖推理作用之根据本极危险而无定者也。

历史知识中之最不易流于错误者厥惟直接得来之知识。而此直接得来之知识，非事实本身也，乃事实概念也。吾人以一种单独史料所能建设之知识唯此而已。吾人欲证明一个字，一种文章，一种主义，一种美术，一种哲学或科学理论，一种法律规则等之存在，有一种书本之参考已足。如撰人将此种概念之一引入其史料之中，则存在其心灵中者即系此种概念；唯此足证概念之存在。是则心理事实之历史为最易建设之历史，盖因其最无需乎史料之比较也；亦为最确定之历史，盖因其最无需乎推理作用之运用也。语言、文学、宗教、美术、哲学及法律等之历史所以较其他为易于编著，其理由盖即在此。至于研究外部事实之历史往往不能不讨论史料之价值如何，及撰人之诚伪如何。且诬妄与谬误均属世间常事；非加比较工夫，无法定其价值；吾人固不能单凭孤证，遽下断语。故此种历史之编著实最为困难之工作也。

外部事实之建设不尽困难。因其所包括者大部分系直接观察心理事实所得之概念，故建设尤易。然政治事实之外部历史，其大部分即系如此。公家规则（所有制度史之全部几皆藉此构成）之研究其性质与法律之研究同；如能网罗政治程式、法律、规则、判书等习见之物即为已足。实际行为之隐于公众宣言之下，正如法律上实际执行之隐于司法形式之下。吾人对于上古时代所抱之概念与规则实较政治行为为多。究竟希腊市场、罗马市场及罗马参议院中实际之经过如何？吾人已不能知之。吾人所知者至多仅意想中诸地之经过而已。至于封建时代法院情形吾人亦未尝知之也。凡此诸事，吾人所得者仅其形式而已。关于形式之知识固亦有其价值，然吾人如欲了解一般之历史则非深悉实际之行为不可也。其他如征伐也、战争也，叛乱也，虐杀也，皆足以改变生活之实际状况者也。然此种行为之性质其足以触动吾人之想象较他种尤甚，故其留存撰人心灵中及史料中之痕迹，必较彼继续不断单调无味之经济生活上事实为多。是则就社会事实之客观性质而论，社会史之编著远较心理事实之历史为不易确定也。

是故在所有社会科学中，其易于编比而且较有把握者莫如心理之部分，即经济或社会原理之历史也；盖其为物无异科学史或哲学史之一片段。社会科学专家所以自愿缩小其范围，其理由盖即在此。每当一种社会变化发生时，通常必先以社会原理之研究为其主题而不愿研究社会现象之历史。此种避重就轻之倾向，盖与所有用历史方法研究之知识，其进行之常态相符。然当所谓专家移其研究与教训以向诸原理而不向诸外部事实时，其为无远虑也盖与一种历史之无甚进步也同。

三、进步迟缓原因之原于史料种类者

——著作之史料,保存之史料,出版之史料——记事史料,文学史料,教育史料,实用史料之选择

社会史之第二种困难原于史料之性质与史料出版之性质,后者之关系尤大,因手抄史料之用途已不若昔日之大,历史之编著已不赖抄本之材料矣。

普通史料之发生往往原于他种原因而不原于学术。此与史料之本质正同,撰人目的不在于忠实观察实际之真相而描述之,盖往往别有用心焉。然在人类事实之中,观察与报告之包含非科学动机最少者当推社会上之事实。然则编纂史料之动机究为何物乎?

记事史料之目的在于保存可资纪念之事实而使之不忘。所谓可资纪念之事实即足以感动吾人想像或足以激起吾人虚荣心之事实。刘知幾尝云:"苟史官不绝,竹帛长存。则其人已亡,杳成空寂,而其事如在,皎同星汉。用使后之学者坐披囊箧而神交万古,不出户庭而穷览千载。见贤而思齐,见不贤而内自省。"此世间人类之常情也。是以世界上最古之记事史料皆属关于武功之刻文,中国也,埃及也,亚述也,波斯也,莫不皆然。继之者为民族史或君主史,所记者皆君主与首领之事迹,战争以及革命等。关于经济方面之事

实仅惊人之天灾饥馑而已。是故历史上经济消息之为数极少，即在后世所谓"新闻纸"、杂志、日报等在商业广告未曾开发以前，亦复无经济消息之纪载。

文学史料之目的在于取悦流俗。其中所述者或属诗歌，或属闵议，或属滑稽，或属传奇，无不视撰人之所好以为衡。若辈于此本无提及社会事实之理由。读者之诵其书也，亦往往无意在此中求得此类事实之描写。至于文学作品亦几未尝以社会史之消息予人也。

教育史料之目的在于传达一种原理，一种信仰，一种知识，一种规则或仪节。属于此类者为所有宗教上、哲学上或道德上之著作；所有关于一种美术或一种科学（文法、修词、医学）之小本或论文；所有科学上之著作及法律上之程式等。吾人于此亦无描述社会事实之理由；除影响重大之经济事实偶一引喻外，即或提及之亦极为稀少而且浮泛也。

实用史料之目的在于事实之复核或证明。凡公家与众人之记录、法律汇编、册籍、账簿、调查录、统计表、报告、研究等皆属之。吾人之社会史消息以得自此类史料者为最多。然第一此类史料极不完备，内中所纪事实每无一定之系统，不能以整个知识予人。撰人往往仅记其在实际应用上必要之消息而已，故其间往往有极大之罅隙，足贻极大之错误（如关于赋税事实即其一则）。其次，此类史料之兴趣往往限于需用此类史料之当代人；除关于财政之事实外，均难传世而行远。是则实用史料之本质已足以自促其寿命。其实在西洋各国直至公家保存档案之机关成立，对于史料不问类别概予保存之后，此类史料始得长存于人世。至于吾国之档案，则至今尚以敝屣视之，更无论矣。复次，此类史料，繁重异常，而且又无文学上之价值。吾人之印行之也，纯出诸科学上之原因，而且每喜择其能供给政治消息者也。

所有上述原因足以说明社会史所能利用之材料为数何以如是之少。无论中外，关于上古时代之史料，其中几绝无社会史料之存在。吾国正史中虽偶有人口之统计，然大体偏而不全。至于西洋则自古代以至十一世纪，几绝无一种可信之调查（即纯属政治性质之罗马公民人数之调查亦然）。是故过去人类之经济生活始终未曾大白于人世。吾人不必上溯至柏克（Boeckh），即在最近之著作中如贝罗克，如蒙生，如迈尔（Beloch, Mommsen, Ed. Meyer）诸德国名史家，试问其冒险之臆测如何！试问其中之罅隙如何！能与其他各种事实之纂辑相比否耶？吾人固大体明了古代城市之政治组织矣，吾人其亦知其经济组织否乎？

为保存起见而出版之史料其进步之迟缓，亦以关于社会史者较其他一切为甚。吾人之愿意出版者，当然以足以激起大多数公众之兴趣者为主，或以希有者、最古者及篇幅较小者为主。故吾人之惯例往往先出版文学之作品，再及所有历史之作品，甚至编年史或极干燥无味之年表。再出版美术或科学之论文，各种原理之作品。再影印美术纪念品、工业艺术品、古体文字之鳞爪等。盖纂辑史料者之成见与撰述史料者之成见相同，其目的皆在于布诸公众。然实际之经济史料决不足以激动多人之兴趣者也，而含有溯源性质之史料

第十二章 社会史之现状

为尤甚。而吾人如欲出版此种史料更非加意努力不为功，因其最为凌乱无序也。即此可知欲求得出版经济史料之方法必需长久之时间。吾人必须使之脱离公众之手而求援于志在学术之基金。此种事业之兴起在西洋为时甚近，试观淮兹（Waitz）所著之书目，一九〇六年出世之《德国史料》（*Quellenkunde der deutschen Geschichte*），则经济史料与其他各种史料之出版情形即可比较而知。然德国于此已远较其他诸国为进步，此就其国内有数种社会科学评论之存在可以证之，盖因其能维持经济史之专家也。其在法国，则经济学上之专断性质或足以妨碍此种整理史料事业之进行。其在英国，亦有少数之个人尝试。美国似正在计划出版之必要工作，然其运动则仍在开创时期中。至于吾国，则等诸自郐，可无论矣。

第十三章 社会事实之编比

一、编比之必要

——并时事实与连续事实

吾人研究社会史尚有一种困难焉，其为物也与社会科学之资料，即吾人应加证实之孤立事实无关。此即此种事实之编比问题是也。此种特殊困难之研究能予吾人以一种实际之消息，使吾人可以先事预防，而且使吾人可以了然社会科学中不能幸免之缺憾，并因之使吾人可以明了吾人工作之界限及应行避免之范围。此种困难之发生盖有二因：（1）自社会科学中必须明了之事实范围而来者，（2）自社会事实演化之特殊性质而来者。

第一种困难为社会事实编比成史时吾人不能不给以相当之范围。吾人于此须先说明编比二字之真意为何，此盖指著述历史时最后之一步行为而言。当吾人以历史研究法中分析及考订等步骤研究史料时，吾人最后之工作即专在决定分析后所得之结果，即所谓孤立之史事是也。例如十六世纪时盎凡尔（Anvers）有一种商业交易所之存在。

分析工作所得之事实，吾人显然不能任其在一种残缺零碎之状况中，至少须使之依字母次序成为一种类纂方可。盖吾人如欲了解之，非加以整齐功夫不可也。

一种科学之构成，非将所有孤立之事实综合而成为浑仑不可，此即所谓编比者是也。最简单之原理即将事实根据二种纂辑之系统而综合之，集并时之事实以便得一某一时代事物之一般情形，集连续之事实以便明了其变动及演化之经过。是故历史之编比盖含有二种之工作：（1）描写某一时代事实之状况；（2）建设时间中连续一贯之演化。此种方法可以应用于所有历史之事实，所有各种习惯、衣服、居室、仪式、美术、文学、宗教、科学、政治制度之历史；亦可以应用于所有社会之历史，经济生活、人口学及溯源统计学之历史，社会主义之历史。

二、并时事实之编比法

——审问，历史审问与研究审问之不同

吾人欲编比事实，不能不先求得分类之标准；此盖所有叙述科学中必不可少之物也。吾人曾知在史料科学中，吾人不能不用想象功夫以创造之，而且想象中之标准不能不取一种审问之性质。此种必要乃历史家所不愿承认者也。在社会科学中，著作家往往公然宣言而不讳。此辈因习于研究之故，往往以为研究之道徒恃文学而不加审问，实不可能。然所有历史研究之目的若在于描写一种组织或一类习惯，即属一种溯源之研究，非适用一种审问功夫不可也。

是则在一种指导研究当时社会现象工作之审问，及一种指导研究过去社会现象工作之审问间有一种根本相同之点。在此二种研究中，著作者均须事先决定其所欲编比之事实及编比之次序为何。然吾人如欲提出研究之问题及排比之标准，必先具有与其所欲研究之事实相同之知识而后可。吾人欲提出一种审问，必提出一种与吾人所欲研究者相同之浑仑，而一一加以心理上之分析。是故吾人必须具有一种同类浑仑之知识。如无此种知识则对于全部研究即无提出审问之能力。历史家亦然，若无相当之观念，即不能提出编比事实之标准也。

然在一种历史审问与一种研究现代事实之审问间，亦有其种种不同之点焉。对于现代事实，吾人之审问可以仅属一种临时之指导，研究之际，吾人往往直接置身于事实之全部浑仑中，吾人自然可以见到其间之罅隙，忘却之事实，解释错误之事实，以及分类不当之事实。此种直接之观察常常足以改正忘却之点及先入之成见，研究所得之结果每较审问为完备而不武断。然历史审问即无此种事后观察之援助，吾人虽亦可在史料中求得吾人意中所无或解释不当之事实，故历史家必须常常准备完成或订正其审问。然史料所能供给者残缺之事迹而已，不能以全部之景色予吾人也。吾人欲了解之，必在对于产生事实之社会已得有一般之观念，并以此种观念解释之之后，而此种观念当然属诸主观者也。是则史料中之事实必永远隶属于历史家对于一般社会所抱之观念之下。历史叙述所以远不逮直接研究现代所得之叙述，其故即在于此。此种主观主义为所有历史著作中固有之特性，即原于历史家研究史料所得之零碎事迹除想象外已无法可以窥见其全部也。

此外直接研究亦可以综合所有某一时代某一部分中具有某种性质之事实，或者至少所有值得费力研究之重要事实，至于研究者有意不取之事实，必因其已断定此种事实在全部了解上并无关系之故。至于历史著作则适与此相反。其中所集之事实皆有赖于历史家所能利用之史料，此种事实不仅必须由当时人观察叙述而来，而且必须由史料留传至今而为历史家所知悉。重要事实有时湮没而不彰，或因观察无人，或因史料丧失，或甚至虽有史料而为历史家所不知。是故历史著作中之罅隙，纯由机会决定之。时期长者此种罅隙愈大，盖史料之自然命运往往数百年后即告终也，关于经济事迹尤为如此。现代之研究有如一种建筑家之计划，吾人可于此中求其全部之建筑，历史之叙述则有如一种缺漏甚多之纲领标以臆度之线者也。唯物质建筑之条件简单而一致，故吾人可以恢复其缺点而大致无误，至于社会团体之为物，其定律极其复杂，吾人而欲恢复非直接所知之事实，始终系一种可疑之臆度而已。

三、社会史之标准

——地理上之划分——应有问题——现象之描写

经济史之标准其性质与经济事实同。所含者为人与物质物品之关系,盖物质物品足以满足人类之欲望者也。然经济史之为物,即使取通常所谓"经济现象"者之意义,以物品之享用、创造、分配等现象为限,并使之有别于消费之现象及人口学上之一般事实,其界限亦往往难以确定。即在此种限制之中,各类现象之性质亦尚有讨论之余地。实际上各种历史著作中所适用之标准各不相同。兹将吾人所视为与现代现象之观察最相符合之分类法略述如下。

吾人欲将某一时代全部世界之事实综合而叙述之,实不可能。是以吾人不能不以一种物质上之分部以救方法上之穷。此种分部叙述之原理必自所有事实同具之最通常状况上得来。对于经济事实,自然之划分实为地域,盖材料所自出,交易所由起者也,此即地理上之划分。是故吾人选定某一地方而研究其中之经济事实;再描写同一地方(或系一区如普罗芳斯、西西里、爱尔兰,或系一国如法国、德国、英国)之经济状况。此种分别叙述之篇幅可再综合而成为一部分世界之叙述,然此种全部叙述仅属一种旧日作品之集合,亦即各地地理分区事实之集合,实较有价值。在同一地方中,各种经济现象间皆有互相影响为之联成一气，农业组织影响及于工业，商业影响及于农业，财产制度影响及于商业等。是故吾人应先构成某一地方所有现象之一般状况，然后将研究各地所得之结果综合而编比之，此种进行方法远较仅研究所有世界各国一般状况中某一类之现象为佳。根本划分应以国家为标准，此外再细为划分，始得以现象种类为根据也。

种类之划分必须以创造物品与分配物品之艺术之目的及性质为根据。普通之划分为：（1）生产，再可分为材料之直接生产及材料之变动（工业）；（2）运输，再可分为物质运输与合法之交易（商业）；（3）分配，再可分为分配、享用及移转。

当吾人研究某一时期某一地方经济状况之沿革时，在此种一般标准中，关于各类事实，含有特殊之问题。居民所遵行之制度为何？实行此种制度者为谁？其在国中各部分分配之情形如何？凡此诸问题盖含有一种习惯之描写，一种特殊人员之描写，及一种习惯分布之描写也。兹更详举如后：

（一）生产。

（甲）直接生产，即原料；四种进程：（1）猎及渔，（2）饲养，（3）培植，（4）原料之提取（木料，石矿），此为转入工业之过渡。此四种进程更可根据动物或物品之种类而再分之。吾人之研究将成对于各种生产形式之研究，而其问题有三：（1）产品及工作之进程；（2）担任工作之人员，工作如何划分，如何组织（并行之组织及隶属之组织）；（3）人员之分布（生产之中心，各人生产之数量）。

（乙）工业，即原料之变动。工业之为数甚大，故分类为难。吾人分类以材料性质为根据乎，抑以物品之目的为根据乎，极易令人踌躇而难决。吾人可分工业为铁业、木业、纺织业等，亦可分为养料、衣服、建筑、器具、器械及军器、奢侈品，及理智生活等工业。每种工业均成为一种特殊研究之范围，而含有同样之问题：（1）所用材料及技术；（2）所用人员，即工作之划分及组织，同一职业中工人之关系，与其他职业中工人及商业指导者之关系；（3）工人之地理上分配，各种工作之中心，工人之数目及产品之数量。

（二）运输。

（甲）运输，即工业与商业间之转运。仅有二类可分，即海上与陆上是也。唯第二类可再分为河道、铁道及普通之大道。每一类含有三问题：（1）运输方法，曳引及装包之方法与习尚（于此须辨明物与人之运输）；（2）运输人员（与对于工业之问题同）；（3）道路及运输中心之地理分布，运输物品之数量。

（乙）商业，即权利之交易。吾人须将实物交易之直接商业与信用及投机之象征商业分别清楚。对于每种有如下之问题：（1）商业之材料及商业之进程；（2）商业人员，分工及组织，各团体间之关系；（3）商业及信用中心之地理分布，商业作用之数量。

（三）分配。

此项已无可再分，吾人只注意下列问题已足。

（甲）分配，包有下列问题：（1）财产制度，财产所概括之物品为何；（2）主有财产之人员阶级之组织，各团体间之关系；（3）产主之地理分布。

（乙）物品之享用：（1）享用之制度，不固定之所有权，所有者间利益之分配，及合法之产主；（2）所有者之人员，阶级之组织；（3）不固定所有权之分配。

（丙）权利之移转：（1）死后根据契约之生活移转方法；（2）移转之数量。

吾人对于此种习惯及现象之分配，加以研究之后，吾人方可得一种某一时代某一地方经济组织之全部情形。当某同一时代所有各地方之经济状况得经研究之后，吾人方得一般之经济状况。必如是而后吾人可以比较各种不同之组织，研究共通之特点，并了然于研究此一时代之世界经济状况是否可能。

第十四章 社会史之特殊困难

一、决定事实数量之必要

——历史中之定性知识——社会事实中数量决定之必要

吾人如欲说明经济事实之一般情形非具有较他种历史研究为多之补助知识及一种较他种历史知识尤为切实之知识不可。

吾人第一须具有地理范围之知识，因其能维持人类与物品也。此为所有历史研究之公共条件。地理学为一种历史之辅助科学，且因历史事实之大部分皆属物质，故地理学尤为必要。然对于理智事实之历史如科学、美术、宗教等，则具有普通知识即为已足。此种知识之关于物质事实者必须格外切实，盖因其受环境之限制较为严密也。是以经济史之为物不能不有赖于地理学，如无地理范围之知识，即将无历史统计之可言也。

第十四章 社会史之特殊困难

历史事实所具之第一步形式为说明，描写各种概念、行为、习惯——即时时更新之行为——对象、状况及产品。此为所有说明科学（如动物学、植物学）之第一种形式。因历史为关于人类之科学，故其间仅有某几种说明为历史所特有，即非物质形象所能表示之各种内心状态是也，语言、思想、想像、规则、动机以及所有心理上之事实皆属之。吾人曾知历史上之一范畴，所谓理智习惯之历史者，几尽皆由此种事实构成之，此外则社会制度与政治制度之二种历史亦大部分取材于此种事实。吾人能由此种事实得来者仅属一种"实质"之知识而已，吾人可以决定此种概念之特点及其性质，然所谓定量知识者仅系其次数而已，而又无法探讨者也。某人之怀有一种思想究有若干次？怀有此种思想者究有若干人？此种研究吾人决不梦想从事者也。

然吾人可以构成理智现象之历史而不必以说明为出发之点，换言之，即不必研究定性之知识或量数之原质也。关于语言、美术、科学、宗教等历史，即属此类。吾人可以描写美术品、科学产品以及某一时代所表示之各种概念，而不必说明其分配情形及次数之多寡。一八八六年波多（Bourdeau）所著之《历史与史家》（*L'Histoire et les Historiens*）曾欲实现其应用统计学于历史之主张，以作品数目之多寡为估定其重要与否之标准。此实一种错觉也。吾人所得知者仅一种印刷之数目而已，而非文学现象之次数也，而所谓文学现象者乃读者在精神中对于撰人所表概念之表象也。

至于风俗史所包括者虽属物质行为，然吾人所能得者亦仅有定性知识之一种而已。试问当十四世纪之世住室有若干所？服制有若干种？一种法律或一种政治习惯之应用究有若干次？然吾人于此仍无明白数量之绝对必要也，吾人所当知者盖即某一时代某一地方实际上有某种习惯或某种政治制度而已。吾人所注意者在于习惯之存在与否，并不在其次数之多寡也。唯吾人对于规则之是否切实遵行或其大体情形如何，则不能不有相当之了解焉。

　　社会史并亦包有一大部分经济习惯之说明，如农业与工业之进程、生产、运输、买卖习惯、信用、投机、分工、财产以及产品分配之规则等皆是。然仅此一部分不足以构成全部之社会史也，其能辅助吾人了解社会现象固有余，至于建设社会现象则不足。某一时代某一社会之实情决非仅述其各种习惯即可了事。此种实情应并包有数目与分配之材料。人口之数目，性别、年龄、来历、职业之分配，社会阶级或专门技术之构造，财富之数量及各类人民中财富之分配，农业、工业及运输机关之分配，凡此各种观念，均不可或缺者也。若其不备，吾人即不能表出社会之真相，而得一整个之观念。即经济习惯本身本亦无甚价值，盖其价值之发生纯以其次数之多寡为标准，仅存在于数人间之一种习惯，在实用上与历史上均属无甚关系。自社会史之眼光观之，对于一个社会之知识乃其结构之知识，即其各部分分配比例之知识也。然数目、分配、次数、比例等皆系定量之观念。吾人对此，不能如文学、美术、科学或甚至法律与政治制度等之可以纯用定性之社会现象描述社会之真相。是故吾人可以断言，社会史必须为一种绝对之定量知识也。

二、决定数量之方法

——度量——计数——估值——举隅——通概

历史而欲得一种定量之知识,其方法为何?就先验而论,历史既无直接观察现象之可能,则此种方法必属平常。综之可得二种间接之进程:

(一)搜集史料撰人所供给关于数量之消息,例如雅典所供给之阿第加人数。此种消息往往不甚精确,非加考订,不能接受。然吾人于断定以前,不能不先知史料撰人获得结果时其进行之状况为何。而吾人对此固不易研究者也,故不能不假定撰人之有误,盖数目上之错误本常见之事也。

(二)搜罗由分析史料得来之各种孤立材料而集合之以计算其数量;例如吾人将英国威廉第一之《英格兰调查录》(*Doomsday Book*)中之佃户数目相加,再计其与人民总数之比例,即可断定十一世纪末年英国之人口若干云。

是故史料撰人与史家决定数量及说明数量时所用之方法为何,不能不加以研究。兹将各方法依其由密而疏之次序分述如下:

(甲)度量。——数量之表示,其纯属科学者唯此而已。此法能得各种现象归诸相同之单位,再使之受绝对之度量(如长短、面积、轻重、化学成分、运动等）。此法在社会现象之实际观察中其地位渐形重要，关于经济现象尤其如是。吾人对于铁道或道路之长短，面积之广狭，出品之重量，数目所表之价值，均已日渐注意。然对于过去之事实，吾人已无直接方法可以度量之，吾人仅能搜集史料中所提及之度量而已。此种史料中之数量有系撰人本身所得者，亦有系撰人袭自他人者，而前者则极为罕见者也。然就已往各世纪中所用度量之方法及史料撰人转述之习惯而论，吾人实难望其度量之正确也。

（乙）计数。——此为统计方法之最称美备者。此法在于选定一种显然有定之抽象特性，并在某种范围中计算具有此种特性之某一种人或物究有若干。计数结果往往以数目表出之，故常人每误认为正确科学上之度量。此种错觉不过人类将"正确"与"切实"混为一物之自然倾向之一例。事实上计数方法之具有此种切实特性，纯自其所根据之惯例得来。此种求知方法之全部价值纯以建设此种方法之惯例性质为标准。如吾人研究过于惯常之特性（如重罪、轻罪、公寓等），则计数所予吾人之实际消息甚为有限。吾人所知者仅在某一地方在"重罪"或"轻罪"各类中有法律案件若干起，或在房室总数中习惯上称为"公寓"者有若干座而已。凡属此类数目均未尝表示一种单纯之总数，无非将不能绝对计数及仅具有不甚重要之公同特点之物集合于一处而已。

然欲了解复杂之事物，则计数实为唯一可能之定量方法，而所有生物及生物所产生之物则又均极其复杂而不单纯者也——除非吾人将此种事物表以轻重之观念或用数目所表之价值观念（吾人不能以度量方法施诸群羊，然可量其轻重）。故欲切实说明一个社会之结构，计数方法实不可或缺者也。至少吾人须知其人数，各中心地点之居民，居室之数目，动物之多寡等。计数并亦为人口学上根本之进程，即经济现象亦唯有以数目表出之时方能成立。

社会史所能利用之计数，其有史料为之证明者为数甚少。吾人所有之数目几乎全部皆属可疑。此种数目如何得来，其情形非吾人所能知，吾人不能不假定其方法之不足。是故上古时代爱基那（Egine）奴隶之数目及雅典之人数均不能不视为可疑。中古时代之数目亦复如此。英国一三一七年之事，即其一例。是年英国政府提出征收五万镑新税之案于国会，照四万牧师教区计算，每区应各缴二十二仙令三便士。当着手征收时，有九千教区不知何在。吾人试读郎德所著一八九五年出版之《封建时代之英国》（*Round, Feudal England*），吾人对于英王附属骑士三万二千人之数目，其感想为何如，而此种数目固以消息灵通之某大臣所言为根据者也。即名史家如兰克（Ranke）所述十六世纪威尼思大使著名报告之数目，如引用之，恐亦不免有误也。

对于各种数目最后之处置为综合史料中得来之原质。然计数时必不可少之条件在于了解必须计数之全部范围，盖对于全部计算之单位必须绝有把握方可也。而包有全部范围之史料能否保存，则又有赖于极难得之机会也。在全世界之历史中直至中古末年为止，恐除英国之《调查录》一书本身系一种财政计数外，别无他种同样之史料矣。

（丙）估值。——此为代替计数之权宜方法。当吾人不能或不愿计算全部范围时，吾人可取其中之一部分，并在此一部分中计各类事物之数，而成立数目上之比例，以便晓然于各类之百分比。吾人假定此部分为全部分之缩影，并假定其比例之总数必属相同。此种方法之危险即在于其根本上之假定。吾人固可承认吾人所选之部分与全部相同，且其比例亦复相等，然一旦此部分与全部不同，则吾人之估值即属错误。例如吾人欲知中国失业者之比例为何，吾人必取上海人口之百分比，其估值必至过高。是故吾人必确知所选比例实属相同，而此点又往往难于深悉者也。当一种史料表明一种比例时其情形亦复如是，吾人对于撰人所用估值之方法为何不能不加以研究。吾人尝谓据十四世纪史料所载，一三四六年至一三四八年之间，人民之丧身于黑死病大疫者占全人口二分之一或三分之一；吾人如假定其果曾有一种计算，更须进问此种估值究以何部分之人口为根据。

（丁）举隅。——此亦为代替计数之一种权宜方法。吾人任意在拟欲计数之全部范围中取其单位若干，再研究其含有某一种特性之单位究有若干。例如吾人计算在全部女子中究有若干人系属寡妇，吾人承认其比例与本范围中其余部分相同。此种进程较估值之危险为少，因其堕入范围中例外之部分之机会较少也。然吾人若误以例外之单位为根据，而不能担保此种单位之与全部相同，则其危险反较估值方法为大也。

当吾人应用举隅方法于历史上时，纯赖史料所供给之消息，则其情形最为不利。吾人如研究现代之事实而欲了解其全部，吾人可先观察其大体之情形，认明何者为例外，然后取其非例外之单位而加以有系统之研究。至于历史上之事实，吾人所知之单位本极稀少，且纯由史料得来而无选择之余地。然一种记载例外事实之史料，其保存尽可较他种史料为多，吾人于此中所得之例外单位必且大有妨碍于吾人之研究。例如吾人欲用举隅方法决定十二世纪时在某一地方属诸教会之土地其比例为何。留存之史料往往保存于教会档库中而与其领地有关者。吾人不能不于此中求教会领地之标本。其比例势必甚大，几乎所有土地均似属诸教会者然。

（戊）通概。——此为历史上最习惯之进程，不过一种估值方法之较为简单而无思想者。盖即就吾人在某一群人或物中研究其一部分所得之特性推广至全群耳。此实一种无意识而且不妥当之举隅。其合理原则为下述之一种假定：即如在某一范围中任意取其若干单位，而具有同样之特点，则此种特点必可于本范围所有单位中求之，换言之，即假定观察所得之特点为足以代表全部之平均数也。

凡吾人对于某一范围之全部或一部无完全之知识时，此种进程实为唯一之方法，此盖历史上极寻常之情形，不独社会史为然也。历史上错误之原因当然以此种方法为最大，描写一个社会一般状况时所生之错误大部分均自通概不当而来。此盖因普通史料所供给之消息大部分皆属例外之事实，撰人之记之也正因其为例外耳，如犯罪之案件或英雄之行为，以及少数例外人物之习尚等往往最足引世人之注意亦最足令人生纪述之倾向。吾人于不知不觉之间将此种情形视为常事，以为可以代表社会全部之特点而称为一般之习惯。现在吾国研究文化之历史著作，即充满用此种进程得来之概括论调者也。

社会史尤易犯错误通概之危险。盖社会史之目的本在于描写社会全部之结构者也，而其史料则甚为稀少，仅于纪叙史料及文学史料中有偶然之提及，或仅有一部分之刻文，而且档案中所保存者又极不相等，如中古时代除教会外几无其他史料之存留，即其一例。是故吾人之倾向每欲根据少数可信之事实以概括一切。社会史需要全部之史料在各种历史中最为急切，而其获得全部史料之方法在各种方法中亦适最为不足也。

三、实际上之结果

——特殊之规则——编著之限制

因有上述种种情形，故实际上之结果，为吾人研究社会史上之事实时必须受较其他历史尤为严密之规则，吾人必须了解史料之状况以便限制吾人之研究于知识之可能范围中。

吾人对于所有定量史料必须加以考订，且考订时必须较考订说明尤为严密。盖其正确与否既较不易知，则其可疑之程度亦必较高也。史料撰人对于一种观念或甚至一种常常重复之行为（如习惯、风尚、制度等）之了解与描写，本无格外切实之必要。然此中既含有一种数量之观念，吾人不能不用一种特殊之工作方法以论证之。吾人预问撰人之得其结果所用之方法为何？此种方法之价值如何？其所依据之资料为何？其计算之方法为何？吾人于此所得者往往仅属一种消极之确定而已，即撰人之进程并不正确是也。例如中古时代之编年史家对于大疫中之死亡或人口之数目亦绝无估值之方法也。无论如何，吾人必须加以精密之考查方可。现代之经济史家对于此种必要之点，似仍未尝注意及之，吾人试一观最谨严之史家，其所撰述之上古史即可见其编比不甚经意之一斑矣。

当吾人欲用己力以获得社会事实之数量时，研究过去事实时所应遵守之规则应与计算现代事实时所用者相同。此种方法，德国梅曾曾于其一八八六年所著之《历史及统计之原理与技术》（*Meitzen Geschichte, Theorie und Technik der Statistik*）一书详述之。

通概方法不能在统计上研究之。吾人必须将此法反诸有意识而且有系统之举隅方法。吾人必须注意之点，条列如下：

（甲）明定吾人所欲通概之范围，即吾人假定其中单位均属相同之范围。如吾人所欲通概者为一群之人类，则范围不可过大，使其单纯之机会较多，不可将部分与全部混而为一，例如不可以一省而统括全国。

（乙）确知吾人在某一范围中所已知之事实确属相同，使吾人任意所取之单位有代表平均数之机会，对于名义上之相似最宜加意防止之。

（丙）确知吾人所欲通概之事实确非例外而实足以代表全部者。

（丁）确知吾人所已知之事实已有相当之数目。如遇动机及现象较为复杂之团体（如都会中富人之家庭预算），则数目须较大，如遇动机及现象较为简单之团体（如一群农民之生活）则数目不妨较小。

吾人对于上述诸点如严密遵行，即知因缺少可信材料之故，确定之结果往往难得。此即编比社会史时必不可免之限制也。此种限制之程度当然不同，然其不同之情形每随史料之状况为转移。所谓史料之状况即观察之能否正确是也。实则限制吾人之研究者非吾人求知之方法为之也，吾人浓厚之兴味为之也。吾人试读所有神学史及所有古代科学史，即知专门学者往往不惜终其身以解决一种不能解决之问题，其兴趣盖即在于问题之解决。吾人于此并须知吾人欲确定某一种事实，决不能以吾人欲了解某一种事实之愿望为标准也。

第十五章 社会团体之决定

一、社会事实之特性

——人类抽象限定之事实——个人行为——标式行为——集合行为

第二步之工作为编比连续之事实以便依时间次序描写社会之演化。然吾人欲研究社会事实之连续，不能不有初步之工作，即对于为社会现象之主动者或对象者须研究其为何种人类团体是也。是故吾人于研究演化以前，必须研究如何决定社会之团体。

贯彻此种编比社群全部工作之原理为全部史学之原理，极其简单而明了，真绝无规定之必要，唯就吾人之经验而论，则此类作家对此原理往往健忘，故不得不表明之耳。兹可表之如下：社会事实仅属抽象之物而已；尽皆属某一部分人类之行为、状况或关系也。

有时或亦属习惯,而习惯不过一串相同之行为;或属人类之物质状况如年龄、性别、疾病等;或属与人类有间接关系之物品,而吾人专因其有此种关系而研究之,如植物、动物、房屋、道路、金银、产品等是也。

　　一种现象而欲使之具有社会性,必须系属一种行为状况,或一人或一群之物质关系。然人类之特点为个人之生存。是故吾人欲完全了解一件社会之事实应知与此事实有关之人群为何。在一般抽象科学中如物理、化学、生物学等,吾人虽将各种现象皆置诸抽象状况中而后研究之,对于实际对象无常常注意之必要。然吾人于此可根据经验以分别之而严密明定其特性。在社会科学中,吾人亦思根据各种现象构成一种抽象之科学,如经济学、政治学、社会学等。然此种尝试实未成熟,且恐未必合理。盖吾人于提出一般特性之前,必先能描写社会事实在各种状况中之情形为何,否则即不能了解,所谓状况即人类个人也。例如在自然科学中吾人于构成一种抽象生物学以前,必先描写动植物有机体之结构及机能,就各各具体之浑仑而研究之。

　　至于观察所得之社会事实及必须先事描写之社会事实,系个人或团体之行为、状况及物品。凡此种种皆有一定之性质及位置,故吾人不能不先事研究其名义。吾人欲描写人口或市场,吾人必须明言其为西班牙之人口或伦敦之市场。吾人欲了解一件社会事实,其条件即为表示主动之个人或团体,并能将事实使之与一种心理状况相连。此种心理状况虽或甚为浮泛,然已足使吾人了解此种行为之动机为何。是故就社会方面而论,一种物品自一人转移至其他一人,吾人对此不能了解也:此系一种卖买乎?一种捐助乎?一种偷窃乎?一种劫夺乎?吾人欲回答此种问题,必须深悉其动机为何。仅有若干之银两或若干之物品决不能构成一种社会现象也,必使之与价值观念发生关系而后方可成为一种心理上之事实。唯有人口上关于生理之事实为能足以自立之事实,然此种事实不过一种社会现象之条件而已。是故吾人而欲描写历史事实或社会事实,必须深知此种事实之主动者为谁,而且至少须知其心理现象之一种,即其行为之动机是也。

吾人试察此种事实在直接观察上或在史料中之形式为何。

(一)关于个人行为或个人状况者:美术家、政治家、军官、工人、购物者、投机者之行为。其在过去,此种行为之知识构成个人之历史。此种历史实际上如无史料往往极难建设;然亦为最易了解之历史。理智创造如美术、科学、哲学、宗教等之历史;及政治方向如革命、改革、战争等之历史;凡构成所谓政治史之大部分者,皆属于此类者也。此种个人之历史在社会史中几无其地位。唯发明与习惯之历史之叙述发明家与创始人者应属例外。吾人所以为此言者,盖因即经济史亦未尝纯粹研究团体者也。

(二)关于个人所表之行为及个人所属之状况,而同时又与其他个人之行为或状况相似者。史料所述者往往仅系一种个人之行为或状况,例如卖买是也。然吾人可以据此以通概他人行为之相同或状况之相似。是则个人之行为成为一个团体之标式。所谓历史即由此种标式行为或状况构成之,而为一种团体现象之研究。属于此类者有语言之历史,以一人所用之文字代表当时人所共用之文字;有私人习惯如养料、居室、动产、仪式、娱乐等之历史,以一部分之实例代表某地方全部人共通之习惯;有信仰及主义之历史;有法律规则之历史;有社会及政治制度之历史。此外有经济习惯之历史,构成社会史之一大部分者亦属于此类;其所研究者皆单独之事象,如耕种、制造、运输、交易等是也。

(三)关于一群个人共同所举或互相直接影响之集合行为,如议会、军队、市场等之行为是也。此种行为在史料中亦往往表有集合之性质,盖观察者亦以集合行为视之也。此种行为实为社会行为史及政治行为史之资料,唯创始者及改革者之原始行为则须除外耳。

社会事实之大部分皆属此类。事实于此不特如工业物品之制造或农业方法之应用互相形似而已,而且有一种人类行为间之互相影响,及一种工作之组织,运输之制度,及交易之制度焉。此不仅一种团体之现象而已,实亦一种集合之现象也。

二、团体

——明定社会团体之困难，与生物团体之异用——历史团体之普通性质——社会史之特殊困难，注意之点及限制

唯有个人之事实有明定之范围，其范围为何，即个人是也。所有其他事实无论其为共通或集合，吾人欲了解之，必先知其产生于何种团体中而后可。吾人须知具有同样习惯者究属何种团体，构成一种集合行为之系统者究属何种人群。是故吾人欲明定此二种中之一件事实，必先确知产生此件事实之团体，所有习惯史上之主要困难，此即居其一焉。

欲决定一件事实所属之团体又有二种工作：（一）决定产生事实之团体种类；（二）决定此种团体实际上之界限为何。

一种人类团体决不能与一种动物种类相提并论之。吾人虽亦可讨论种类之限制，研究某几种生物究应归入此类或归入别类，然吾人已知一种生物决无同时可属二类之理。人类团体则适与此相反，盖所谓人类团体不过一种观念而已，非出于自然，而部分实原于惯例。

一种人类之团体乃由具有相同习惯（例如语言、宗教、风俗等）及具有某种共通行为（例如战争、政府、商业等）之一群人类所组

织而成。然亦有多种习惯及行为制度其产生之原因各不相同，而其影响于各个人的亦并不相等。其结果则同是一人不尽属诸唯一之团体，因其所有习惯、观念或利害关系等不尽与团体中其他分子相同也。就语言论，彼可属于某一团体；就宗教论，彼又可属于另一团体；就私人习惯论，彼又可属于其他之一团体。彼所属者有一种政治之制度，有一种宗教之制度，有一种经济之制度。在各种团体或制度中彼所遇者一部分习惯或行为相同之人，而此辈之他种习惯或行为则或又属于另一种之团体或制度。是故有一人焉，就其民族论，则属于满洲；就其语言论，则属于蒙古；就其宗教论，则属于西藏之黄教；而就其政治论，则又属于中国之范围。此四种之共通性完全不同。满洲之民族，蒙古之语言，西藏之宗教，中国之隶属，其建设皆不同时，而其成立之动机皆完全相异。

根据生物学上之比论而勉强造成之社会学，其根本错误即在于此，盖初未尝了解此种生物现象与社会现象根本不同之点也。社会学者因此误以人类团体为与一种动物之有机体相同。而且当此辈不能同时利用此种比论以研究某部分个人于数个团体中时，竟任意武断选定各团体中之一，而比之为一种组织，置具有他种共通性之团体于不顾。其法往往如对待一种动物然，选定一种由政府所构成之政治团体而名之曰民族团体，其范围大体多与语言团体相同。此种对于国家团体之特别尊重，置之于宗教语言及文化团体之上，足以说明十九世纪民族感情之所以非常兴奋，然其为不合理则一也。

选择一种人类团体以为研究共通或集合表现之范围，为历史研究上最大困难之一端。团体种类显然随现象种类而不同。语言史之团体应为通用同一语言之团体；宗教史之团体应为信仰同一宗教之团体；政治史之团体应为隶属同一政府之团体。然试问社会事实史之团体，吾人应选择何种团体乎？经济之团体究为何物乎？吾人尚未能明定之也。以一种共通性或共通习惯所连成之人类经济团体究为何物乎？其为隶属于同一统治者之人民乎？然在各国人民之间，其商业关系往往因有一种经济上共通性之故，异常密切，此种共通性每随关税率之高低及商约上之条件而不同。马尼托巴之加拿大人，隶属于英国，而其商业上之关系则与美国为最密，吾人将归之于何种团体中乎？印度人隶属于英国而其习惯则纯属亚洲，吾人又将归之于何种团体乎？

此种问题就现代之社会及吾人所已知之事实而论，已属不易解决之问题。至于古代之社会，吾人研究之中介仅有残缺不全之史料，又如何得知经济利害相同之人类团体乎？史料中所标之团体仅其名而已。试问名之真意为何？大部分皆系政治之名，所指者不过隶属同一统治者之人民而已，盖当时之经济共通性在各国内部远较现代为薄弱也。

此种困难如何解决，实不易言，唯吾人须注意及之以便了解于研究时吾人应抱何种之观念。是故吾人须问：史料中所标之名果指何种之团体？此团体中所包者为何，吾人其能知之否？团体中各人间之连锁为何？此团体之此种共通性与一种经济共通性间有何关系？吾人因此可以预知在一个名义下之团体有无分析研究之必要，假使不能分析，吾人至少亦将知此种范围不明之事实不如不予断定（或甚至研究）之为愈。

第二种困难即为团体或团体中人界限之确定。此为研究所有团体历史共有之困难。盖因史料既不完备，吾人所知者仅偶然观察所得之少数事情而任意保存至今者也，而吾人即根据此种残缺之史料利用通概之方法以此种事实推及全部，是则除确定通概范围极其困难外，尚有通概方法中固有之危险。一种习惯每以一地方之史料证实之。然试问何时吾人方有权利可以断定某时代此种习惯之范围可以扩充至如此之程度？此种问题不能不明白提出者也，盖其解决有赖于各种事象本有之条件，而且假使吾人不用方法以研究之，则团体之构成必不免有种种之危险也。兹列举其危险之点如下：

（一）不明了现象之抽象特性为何。吾人每以抽象之程式如市场、纺织业及机械作用等，以说明现象，抑若此种抽象之程式标明一种真实之物质者然，而赋以行为、动机及感情等之性质。当吾人以此种方法使抽象之程式具有人格时，所谓市场、工业、机械作用等皆成为具体之物，似皆具有行为之能力，吾人每于无意中视之为具有行为与势力之生人，而此种简单之神话足使吾人忘却人类性质之复杂，并忘却历史上甚至社会上真正唯一之主动者仅人而已。

（二）以某种现象归之于一种团体而不知用直接或间接之观察方法以证明此种团体之存在。吾人每误以一种想象中或忆度中之团体为某种事实之原因，欧洲中部各国假定之村落团体即其一例。

（三）以一种真实之团体维持经济之现象，然此种团体借以形成之共通性与吾人所欲研究之现象并无关系。例如因语言相同而形成之团体如希腊人或德国人，或纯以政治连锁所构成之团体如十六世纪之西班牙，吾人以同样之经济现象或经济共通性属之团体之全部，而与实际情形不符。此种错误极易发生，盖史料中所提及之团体之名大部分仅标明语言之团体或政治之共通性而并无经济之特性者也。

（四）研究一个复杂之团体而不思所以分解之使成单纯之部分（至少就吾人所研究之现象而论）。例如说明十八世纪时大不列颠之经济生活而不将爱尔兰与苏格兰自英格兰分开。吾人自以为折衷其间，而不知其对于三地都无是处也。

（五）通概所取之范围过大，团体之界限因之错误不清，吾人因之误以行为及习惯归之于实际原在局外之人。例如假使吾人将六世纪时居于现在德国境中所有之民族归入德国人之团体中，则克尔特人与斯拉夫人之经济习惯本完全与德国人不同者亦将参杂其间矣。

第十六章 演化之研究

一、演化研究之条件

——统计图表之用及条件——生物学上与社会科学上演化之不同——演化之种类——产生演化之事实之决定

历史研究法最后一步之工作为编比连续之事实以明了其变动，而获得诸现象之演化。此纯属历史学上之工作，唯有用历史进程根据过去史料方可办到。此为最后一步，盖必待其他二步达到之后，方可着手也。吾人于比较同一社群中另一时代及各时代全部事实之先，应先有一某一时某一群社会事实之全部也。

利用统计图表而演化之情形易于表示。当现象可用数目表示时，统计图表之为用可将演化情形了然表出，将数目改为图解即可矣。例如吾人可得一种食物生产量统计图或运输量之统计图。此种统计图表最足表示现象之继续及变动之方向。试任阅何种统计表即可见其一斑。

统计方法仅当事实可用数目代表时，方能应用。故应用此种方法之条件有二：

（一）事实体质必能用数目代表者，而且有继续之量数足资比较者。例如生产、运输、转移及分配之量，或实物、动物、个人之数目是也。是则此种方法不能应用于物质变动之状况上，亦不能应用于构成经济组织之人类关系上。故欲表示由环境、观念及动机而来之现象，仍唯有笔述之一途。

（二）史料必须充足，能供给几个时代现象之数目者，此于古代甚为缺少。如史料充足，则数目或曲线以外并可以描写文辅之。

吾人欲明定演化，只须将某一国在连续各时代中之经济生活得一大纲，并将各种大纲综合为一，即可矣。然欲了解演化，则非将各时代之事实加以部分之比较不可。

吾人于此有一事实上之困难焉。即吾人之综合事实，不能任意为之是矣。盖综合之目的原在于比较各时代之事实，故唯有相类及有继续性之事实方能施以综合也。然所谓继续性，乃一主观之观念，乃由吾人精神上所给予事实连续之解释。直观所供给者仅一种连续之状况而无连锁者也。此种继续之连锁乃一种因果关系之连锁，其义甚泛而且易流于错误。

事实上吾人之演化观念盖自生物学上之观察得来。吾人目睹某一种生物之逐渐变化，而其本身始终仍属一物，此继续演化之显而易见者也。吾人目睹各种生物之生生不息，有时并目睹各代生物之逐渐分化，其后代子孙与其始祖日趋不同，此继续之性虽仍显见，而物种之演化吾人已确知之矣。

此种演化观念由生物学得来，而为吾人移至社会生活中者。吾人于此，须依据比论而进行，而用一种无意识之暗比。吾人将人群——例如英国民族——与一生物个人比。吾人将一种动物之连续与同一人群之连续比。因此吾人得一"社会演化"之观念，实已属一种暗比矣。

吾人于此更有进焉。在社会中，吾人尚可提出人类所组织之属群焉，依其职务以别于其他之属群，此即与社会全体仍有继续关系之一种制度也。如吾人分别政府、军队、教士、官吏等，又如贵族、中流社会等阶级皆是。吾人于是视此种组织或此种阶级之连续变动为演化。吾人有政府军队及中流社会等之演化。此为第二等之暗比。盖吾人对于某国各连续时代政府或中流社会之一种继续，无直接之知识也。其间并无生物学上之连锁亦无所谓政府或中流社会之实物也。

最后吾人并可提出一种习惯，一种语言或语言中之一种详情，一个文字，一种技术上之方法，一种生产或分配之制度。吾人常言一个文字之演化，建筑术之演化，纺织业之演化，或运河商业之演化。此则属第三等之暗比，盖此中绝无生物学上继续之表示，而习惯之相传则仅恃模仿而已，即心理上之进程也。

故吾人如欲应用演化之理于社会现象，必先了解演化一词之真义。此与生物学上所谓演化不同。并无物质上之继续性，即生物学上之因果关系。至于生物学上之因果关系，即同一个人之一贯状况或行为，或个人生生不息之世系是也。此仅表示一种类似而已，有时或原于生理上之遗传，然大体皆原于心理之作用——即习俗、教育或模仿是也。此处所谓继续，纯属抽象之词。如吾人名一类事实之连续变动为演化，此盖吾人承认各连续之状况中含有继续性。然吾人不能预知此种继续性之成立，依据何种进程，而就先验而论，殆不能谓为由生物学上之进程——个人变动及亲属关系——而来。

此种继续性可在几种事实上建设成立。

最易明定而且最为抽象之演化为一种习惯之演化——或一种行动之方法，一种观念——或一种动作之物质产品——一种职业技术之演化，一种实物或某种工业制造物价值之增加。例如吾人可以研究冶铁技术之演化，铁价之演化，铁块形式及用途之演化等。吾人欲建设此种演化，只须将研究各连续时代方法、经济习惯或产品所得描写文或数目加以比较即得。演化之意义盖自对于一种民族在某一时代中经济行为与思想上加以同样之比较而得来者也。

吾人试更研究组织之演化，此即研究人类中根据一种习俗——强迫者或自愿者，明许者或默认者——而成之各种关系。即经济生活上各种制度是也。吾人必研究人类分工及工作组织之习俗，实物转移之习俗，及实物享用分配之习俗。试将各连续时代经济制度加以比较；则演化之迹即显露矣。

吾人并须研究自然物质状况之变动。当自然物质状况如气候如土壤如动植物如交通机关等，皆予人类以行动之利器，并予人类以行动之限制。吾人并须研究人类自造之物质状况之变动，盖此种状况已具永久性而成为一种新的人为环境也。此种自然或人为状况中有无演化之迹，吾人须研究及之。

最后吾人对于上述诸种事实既皆加以抽象与外部之比较，于是不能不进而研究生物学上正当之演化，此即个人本身之变动是也。此问题盖即创造经济生活之人员问题。人物中有变动否，如旧人之凋谢，新人之引进，或人数之增减与个人地位之变动，吾人唯有如此方可认识演化之性质。吾人可以了然在各个人中有无一种真正的物质的生物学上的继续性，或者各个人曾否变动，此种继续性是否纯属主观。

各种演化——习惯、组织、物质、环境、人员——既已决定，而又有一困难发生焉。吾人对于演化既加分析，对于演化之全部将如何表示之乎？事实如何排列乎？此处编比上之困难，世人对之初无一致之解决。

假使吾人意在作一种经济事实之专篇论文，则吾人不能不用一种部分之纲要，吾人所能表示者仅经济生活中某一特点而已。此种纲要当然属于某一种习惯或某一类方法与制度之志在结果者之研究。事实之选择将以此种结果为标准，盖一种动作之结果原由动作之目的产生而来，而此种目的（即所谓动机）则为驾驭所有经济生活之现象。与其研究木器或皮器之演化，不如研究军用物品之演化之为愈也。

吾人如欲研究社会之全部，则非综合同一人群中之共同组织及习惯不可。其困难在于决定何类事实可视为经济生活上之中坚。通常人群之可得而名者皆属政治团体之在共同政府或国家下者。然经济连锁不尽与国家连锁相符。就理而论，吾人以国家界限为分配经济事实之标准。然除非吾人已断定经济之连锁之足以构成真正之经济人群者，则吾人除适用研究他种现象必需之纲要外，别无他法，吾人至是将以一个民族，一个国家，或一个地理区域为骨格，唯吾人对此种权宜之计仍须注意其实验与临时之性质也。如编比经济组织史仍不能不以政治史之骨格为骨格，如吾人叙述农业史、工业史、商业史、资产史仍不能不加以英国、德国、希腊之国别，则所谓经济史者仍未能建设经济上共同一致之性质。如经济史而已具共同一致之性质，则其编比事实自有其骨格，不必乞灵于政治史矣。

二、特种演化之条件

——生产，转移，分配

经济演化之研究以三种经济行动为其特别之条件，即生产、转移及分配是也。吾人可以下述问题说明之。

（一）关于生产者，其演化出自（1）生产者所抱之目的；（2）便利生产作用之方法；（3）生产进程之技术；（4）各种职业之分工。

继此种特别问题之后者有综合问题。全部人类在各种职业中其分配之演化如何？其比例是否常在变动？各种物品生产量之比例上有无演化？在工作方法上，及分工制度上，各文明之人类有无一种共同普遍之演化？各时代之人类有无一种公同永久之演化？

（二）关于转移者，其演化为（1）运输方法之变动；（2）商业大道之变动；（3）运输人员组织之变动；（4）交换方法之变动；（5）中心分配之变动。

于是再有综合问题。运输及商业方法之分配有无一般之演化？运输或属于商业之量的比例有无演化？雇用人员之比例有无演化？一般商业制度上有无变化？数个人群间或人类史上有无一种共同演化可以追溯？

（三）关于分配者，有分配方法、享用方法及转移方法等之演化，有各种分配方法及享用方法中实物分配之演化，有同样个人中实物量比例之演化。

至于综合问题。分配享用及转移制度中有无一般之演化？数民族中有无一种共同之演化？人类史中有无一种继续之演化？

三、了解演化之条件

——用比较法确定习惯之变动——新陈代谢所产之演化，确定之困难

吾人欲了解变动，不能不先知各连续时代同一人群二种以上之状况。再研究此群之自此种状况达于另一种状况其方法为何。于此乃发生原因问题，所谓原因即产生变化之条件也。确定此种条件之方法如下：

（一）直接方面，撰著史料之观察者具有知识——或不如称之为印像——以为某一种事实为变动之原因，遂如此笔之于书。普利尼（Pliny）尝曰"Latifundia perdidere Italian"，意谓彼之印像觉广大之领土已不复种麦，而自由农民均以奴隶牧童代之矣。吾人所有历史中原因之知识盖以史料撰人之叙述为主要泉源也。

（二）间接方面，既分别确定史料中之各连续状况，吾人比较变动前与变动后之事物而推定此种变动必原于此种事实，而且名此种事实为原因。吾人试研究罗马人治下之人口情形，即可以为鉴。当武功未盛以前，自由民之人口甚众；至安多尼时代，则奴隶之乡居者人口较多；及五世纪而人口甚稀。据此，吾人乃得推言罗马武功之结果为以奴隶代自由农民，而奴制实为人口减少之原因。

第一种困难在于建设两个时代所产之变动。确定变动之方法有如下述：

第一例，——吾人见及某种行为或显著事实之足以产生直接变动者出诸行事者之志愿。此在政治生活上最为常见之事。如战争也，首领命令也，法律也，革命也，皆是。在习惯上及社会事实上则殊为罕见，仅于一般事情如征服或侵略之类，其影响及于全部之生活，甚至社会生活，而此亦即欲研究变动之意义者所宜认识者也。

第二例，——吾人比较两个时代之习惯、社会系统与状况时，而见及习惯系统或状况之变动：此即编比数目表或图解所用之方法，此法甚至可以应用于有质无量之知识。吾人如比较一八二四年时与现代之英国工人，不难确定职工会所产生之变动也。

真正困难在于常能比较各时代中之同一人群。唯未尝见及习惯或组织而加以比较，且其所比较者非各时代之习惯或组织，乃各种不同人种之习惯或组织，至为危险。严格而言，唯有各时代中之同一个人，方有比较之可言。比较相隔一世纪两个时代不同而名字相同之人群，如国会或职工会，吾人实并非比较两个连续时代同一具体人群之全部也；盖一八〇〇年国会中及职工会中在一九〇〇年久已不存，而吾人所比较者乃两种抽象两种形式而已。吾人昔视此种抽象之形式为具有人格之物，视同有机体根据内部力量而演化，实甚危险。此不独视社会为一种真正有机体者之错误，即研究特种事实现象之历史家亦多有此种错误。如语言，如法律，如教会，如制度等演化之想象，均为历史家所不免。唯有研究事情之历史家方得

第十六章 演化之研究

逃去此种幻象,盖此辈研究之目光不能不注于个人也。

第三例,——吾人确知一群中人员之变动,因群中个人之新陈代谢之故,全群亦因之而渐生变动。此殆演化上之正轨。人类固不愿变更其习惯或组织者,然而不能不变者,群为之也。群中之人渐渐去世或退出而行为不同之人起而代之。此种事实在生产机关中最为显著。最足促工作进程之变动莫若工人之更换矣。

有时群中人员虽并不死亡,群中新人员亦别无与旧人殊异之思想或行为,而变动之事仍可遇到。如人员之移动而加入另外一群;或原群中有新人员之加入,皆足以产生变动者也。如人数有定之团体,一旦人数增加,则其组织上必生变动;虽形式依然如旧,其作用已与旧日异矣。美国下议院因议员人数增加而产生变动,即其例也。

第四例,——物质上之实物如耕地、堤塘、道路、房屋等,或如动产、钱币、资本等,或因积聚或因代谢而影响人类生活上之物质状况,使生变动。

所有逐渐之变动均极难确定,盖人或物之新陈代谢其迹甚微,初无显著之变动也。然此种困难,在各种历史中并不尽然。凡个人行动之极其显著者,或史料上常叙明行为者之姓名者,在此类事实中,困难较少。如美术,如科学,如原理,如政治生活,皆属此类。在史料中吾人可以见到政治家、学者、美术家等后先相继,踪迹甚明。至于语言、私人习惯或宗教,则确定之道已属较难,然吾人仍得窥见个人之影响并探知产生变动之时期是否与此等活动时代相符合。最困难者莫过于人口学上或经济学上之社会事实。吾人于此每不能见及具体之变动，仅能见及现象之继承。盖史料于此，未尝以世代新陈代谢之迹明示吾人也。

此种具体变动既不能确定，故欲以历史方法研究社会事实之原因，益形困难。史料罕有述及此种事实演化之原因者，盖此种事实中之显著行为甚少也。除因技术上之发明而产生革命外，其变动大都迟缓而继续。而吾人如欲以推理方法施之，甚为危险，因吾人无法求得变动上最有力之原因也。此最有力原因即个人之变动是。故吾人而欲发见社会演化之原因，必须格外审慎也。

是故社会史有其特殊之困难。有属于史料性质上者：材料较少，且较易错误，盖所纪事实皆不甚显著者，且多系非观察所得者；而且所记事实皆属诸外部者也。此种史料且亦较为难持，盖吾人与事实真相之间，有撰人思想为之阻隔也。有属于社会历史编比之性质上者，难于量数之决定，难于种类之辨别，虽于演化之获得。此种困难足以说明社会历史上之种种缺陷及错误，社会历史编著之不能进步，盖非无因矣。

第十七章 各类历史联合之必要

一、静的研究

——事实之连锁,孟德斯鸠,德国派——习惯之共通性,集合行动之共通性

吾人至是尚须说明社会历史与一般历史之关系。然吾人于自问明了此种关系,是否果有益处之前,须先事明了此种关系之研究在事实上之重要。

一种科学之构成唯有分别研究各类事实之别于他种科学者,此吾人之经验所诏示者也。盖唯有用此种方法,而后方可抵抗以综合眼光研究宇宙之天然倾向。人类精神之自然进步在欲了解世界之元质及万物之始因:在希腊与在印度同,科学之原始形式即为形而上学。自各种专门科学创始以后,此种混乱方始解除。各种科学各自

独树一帜而且始终与邻近之科学不相混合。机械学，物理学，化学，生物学，其领域虽属相同，然各自有其独立之资格。

吾人能否以同样方法施诸研究人类现象之科学乎？此合理之问题也。吾人能否别社会历史于其他历史乎？吾人欲解决此问题，先须研究作历史资料之人类现象究在何种状况中，然后决定吾人能否将某一类事实同化而成一种独立之科学，而成历史之各支。否则吾人须知对于此种历史智识之特性应加何等之注意。

研究人类现象之必要工作有二：（一）同时事实之研究，目的在于描述某一时代之社会：此即一部分社会学者所谓"静的"研究是也。（二）连续事实之研究，目的在于依时间之先后描述演化之情形，此即社会学者所谓"动的"研究是也。

所谓静的研究即描述在某一种状态中之人类现象也。吾人欲研究此种人类现象必须分析人类活动之全部表示，及人类生活之全部物质状况，依其性质分为数大范畴而分别研究之。例如语言、美术、宗教、生活方式、法制或制度、政府等。至于物质状况，吾人亦可提出人口状况、道路制度、农田等而分别研究之。然所有此种描述均属抽象，其所述者，在科学知识上固甚精密，然仅系一种人类活动或一种人类状况而已，与他种活动及状况完全分离者也。然就事实真相而论，各种活动并不完全孤立，盖各种活动系同一人或同一群之行为。宗教上之行为方法或思想方法不能脱离科学上之思想方法而独立。政治习惯不能脱离经济习惯而独立。反之亦然。凡源出于同一具体浑仑之事实皆有互相关联之处，此在所有事实真相上莫不如此，而在生理学上尤为显然。然在人类行为上此种连锁尤为密切。盖活动愈复杂，则同一人各种活动间之互相关系愈深也。

同一社会各种活动之连锁，与研究人类各种科学之连锁，其为物如何，古人未尝有明白之规定，盖因研究人类之科学在分析上进步甚微，或太过于形而上学的也。此种连锁之研究至十八世纪时始见端倪，其时所谓历史者正开始构成。福禄特尔（Voltaire）对此未尝言之，盖彼之心思明了而谨慎，足以使之专在分析研究上用功夫也。孟德斯鸠对此已具有一种观念，然仍属混乱而隘狭，限于与彼有直接兴趣之一类事实而已——即法律是也。彼曾研究立法制度与社会生活全部之连锁，彼或未尝将人类法律（立法与法律）与科学上之定律辨别清楚也。所谓科学上之定律即彼所谓"源于事物性质而生之必要关系"也。

此种必要连锁之观念实倡于德国之海尔得尔（Herder），其形式为半含玄学性之哲学。此种观念传至其门徒而益形精密，如爱哈好伦（Eichhorn）、萨维尼（Savigny）、尼蒲尔（Niebuhr）辈即德国所谓历史派之创造者，其研究尤注意于法律与其他活动之连锁。所谓"联带性"（Zusammenhang）之观念即由此形成。同时并又杂以一种半含玄学性之"民族精神"（Volksgeist）观念，借以说明同一民族各种活动之共通性。

至十九世纪时，人类各种现象中之共通性观念渐形显著，唯极其迟缓，盖因黑格尔（Hegel）以一种玄学程式——在历史中所实现之"观念"（Idea）——说明共通性，其阻止吾人明确共通性观念之机械作用为时甚久也。史学上此部分之理论及方法论至今尚未完全解明，各种现象共通性之机械作用亦至今尚未完全为世人所了解也。

吾人似可辨明两种之进程。

（一）同一个人之各种习惯中含有共通性。人与机械不同，并无各部分独立分离各司特种工作之理：吾人不能分一个人之习惯为哲学上或科学上之思想，宗教上之信仰，道德上之观念，衣服，居住，时间分配，娱乐，治人或服人之种种习惯。其实人也者为一个继续之浑仑，所有活动莫不由同一大脑中枢而出发。其从事科学也，美术也，信仰也，政治上，经济上，以及私人之行为也，皆同一个人也。此公共之中心同时指导两种之作用，此两种作用足以构成一人之行为及其在社会中生活之全部。其一为彼之表示（观念与动机），吾人称之为智慧；其二为彼之冲动，或即外表之行为，吾人称之为活动。

吾人不能将一人之表示分为各种完全独立之思想也。各种思想形成一个浑仑，其中可以充满论理学上之种种矛盾，然大部分实际上重要之观念则在心理上均互相联络者也。吾人智慧之领域，并无一定之界限专供某一类活动之用。所有思想均可应用于几个领域之上。而且此不仅一种道德观察为然也，即一种特殊之思想亦能影响所有各种之行动。朋友会中人之不结纽扣，犹太人之不食猪肉，基督教建筑家之用十字架，皆系对于圣经文义有一种特别解释之结果。茶烟酒等影响生理之科学观念一生，英国关税制度及法国赋税制度为之一变，其理与上述者正同。某一种特殊观念其影响及于人类生活各方面者，为例固不胜枚举也。

内部冲动之影响于个人者——即吾人因未知其究竟而通称为品性或气质者——并非与一类特殊行为有关之一类特殊冲动。此理尤为显著。吾人本无所谓科学上之冲动，宗教上之冲动，经济上之冲动，政治上之冲动。各种冲动之一贯性极其显著，各人各有其特殊之气质，在其无数活动中表而出之。用范畴类别一人之行为，纯属抽象。此仅系一种研究之方法而已，与个人内心之真相并不符合。故吾人所谓美术上之活动，宗教上之活动，经济上之活动或政治上之活动，仅指行为之结果而言，而忘却其出发点，即行为之生产是也。就实际而论，吾人只有全部活动之中心。天然气质每以同一品性赋予同一个人所有之表示。此种共通性至今尚未经有系统之研究，吾人仅于比较一种极野蛮人与一种极文明人时方明白见之。然同一个人或同一人群之各种行为中，必有一密切之连锁，殆无疑义。此种连锁如此密切，故吾人每易视之为原于一个特殊之原因，即所谓个人或民族之"精神"或"天才"是也。此种名词实甚混乱，半含玄学性而且反科学之名词也。吾人如忘却此重要之元素，即无了解人类事实之希望，此则可以断言者矣。

人类除自然气质外尚有由教育或模仿得来之活动。此种活动较自然活动为易于辨明，盖吾人可以目睹其获得之情形也。至少吾人有时可以目睹被受教育或开始模仿之人。此种由教育或模仿得来之活动显然有影响于个人之全部。自特殊行为得来之习惯如书法或服装之类，其影响或甚轻微。然自普通行为得来之习惯，如无抵抗而命令人，不考虑而服从人，运用武力或欺诈以待人等，则其影响甚为重大。凡各种习惯之足以影响各种极不相同之活动领域者，如宗教、经济、政治等，必能在同一社会中之宗教、经济、政治等习惯上建设一种稳固之连锁。耶稣会之教育制度养成学生某几种宗教上之习惯遂使若辈倾向于某几种之政制，其著例也。

（二）其他一种进程为同一人群集合行动中之共通性。人群当然与动物不同，人群之所以能联合者无非因其生活上有一部分之共通性耳。故吾人若预断同一民族中人有一完全之共通性，则必陷于反科学之境。然一种民族并非仅根据一种制度而联合之人群也。人群之数并不如人类活动种类之多。吾人并无所谓宗教群、工业群、商业群、政治群，事实上凡同居一地接触频繁之人所组织之社群其活动之范围大致相仿佛也。

在此种集合行动中，吾人必须假定其有一共通性。此种共通性之确定较个人品性为难。此为社会学上争执最烈之一问题，曾有人欲以形而上学之假说如"民族之天才"或"社会之灵魂"等解决之。在此种集合事实之复杂状况中，吾人甚至不能辨明冲动之观念。即在集合行为之组织中如分工制度、商业、政府等，是否尚有自教育或模仿得来之观念以外之事物？人群是否有一种自然之冲动，一种集合之气质，或至少在同一民族苗裔中公有之气质，使之采用某一种社会之组织？例如一种阶级政治如天主教会，一种代表制度如代议政体，一种属身关系如封建制，一种抽象规定如民主社会。吾人于此而欲辨明各种习惯之气质,几不可能矣。

是故吾人所能得到者,不过一"某种事物"之混乱观念而已,此"某种事物"或系观念,或系一种气质,或系习惯,其力足以使一个民族采用某一种之社会组织。然试问此种观念或习惯属于何类?属于个人乎?抑属于全体乎?世人必答曰:此盖"集合之意识"耳。此问题至今尚未经切实之分析研究,吾人尚未确定在各种集合机械作用中其相互间之影响为何,故吾人无权可以规定一般之解释。然此种相互间影响固甚显著也,凡属教会、政治、经济等之各种机械作用其联络至为密切,故吾人欲研究其一种不能不并认识其他种,或至少须略知其大概情形。

经济组织既与他类历史事实有联带之关系,有时为其原因,有时为其结果,则吾人显然不能将经济史之知识与其他历史之研究分开。为实际上必要起见,吾人固不妨将经济史暂时分离,先分析经济事实以便确知其详情。然吾人不能不综合其他事实以明了其在社会中之地位。是故吾人欲以一种纯粹分析方法研究社会之现象实不可能。欲工作无误,吾人必须注意各种观念中及各种行为中之共通性,与各种集合机械作用中之共通性。总之吾人固当先将现象分析而考证之,然亦须综合现象以了解之也。

二、演化之研究

——各种变动中之连锁

动的研究在于决定各种现象之演化,再决定各种社会之全部演化,最后乃决定人类之一般演化。先研究各种活动之连续变化,审其是否在同一意义中进行。如果见有演化之迹,则研究其性质为何,其速度如何,其方向何指。然欲真正明了演化,非追溯其原因不可。然吾人如以研究历史中之特殊支派为限,如吾人仅仅研究语言演化史、风俗演化史、宗教演化史、商业演化史等,则人类演化之原因何在,必不可得。盖吾人不能假定某一种特殊演化之原因必在某一种特殊之活动内,吾人不能谓语言变化有语言学上之原因,商业变化有商业上之原因也。实则人类各种活动之共通性极其密切,故在一种活动中,所有重要习惯之变动势必引起他种活动中习惯之变动。宗教上或政治组织上若有变动,其影响必及于经济习惯,盖势所必至者也。

此各种变动中之共通性,并足以说明某一时代同一社会中各种现象之共通性。当一人或一群变更其某一种活动之习惯时,则其观念与行为之全部必有所变化,甚或在另一种活动中产生一种重大之变动。集合机械作用之变动实为演化上较为有力之原因。一种政治组织之变动其影响及于一切生活上之行为。如科举废而进士举人之迷信自淡,帝制倒而宗潢贵胄之尊荣不存,是已。故西方史家若法国坦纳(Taine)者,甚欲以英国政治组织之变动说明所有英国文学之演化也。

至于社会全部演化之研究,此种研究本身即属一种全部之研究。吾人研究一个社会之演化唯有综合各种不同之活动而后可,即将各种特殊之历史合而为一是也。盖唯有适用此法,然后社会演化之各时代中特殊之习惯及一般之机械作用方可得而明也。

是故研究人口上及经济上现象之历史不能与他种历史分离。吾人欲了解此类事实之品性及其在实际上之地位,非综合其他人类现象而加以研究不可。

三、综合事实之方法

——专门家及通史家

综合研究,其进程有二:

(一)专门研究社会史之人可在其他历史著作中领略其他重要之现象。此在实际上必以读之有益之历史著作为限,方属可能。故于抉择其他史书之际,不能不求一指导。此种指导唯通史优为之。通史中每能明示何种事实在经济上或人口上最有影响,吾人因之可知何种特殊历史于吾人最为有益。

（二）专门家每以考证一己范围中之事实为限。此种单独考证之结果必再有人焉为之权其轻重而综合之。此通史家之职务也。通史家必须明白各专门家研究结果之价值如何，然后方得评论其得失。故各种专门家之工作方法如何不能不有精密之认识。通史家对于各类事实之关系必须具有明白公正之观念，然后方能权其轻重而综合之，既不可失其相对之重要，亦不引入主观臆测于事实之因果关系中。通史家应用极谨严之方法，将各种结果秉笔直书，且必先将几种已知之演化加以比较，然后再断定各种变动之因果为何。

是故专门家与通史家在此种工作中可以协力进行，而具有科学意义之社会历史哲学即由此种工作中出发者也。

第十八章 社会史之系统

一、一贯性之倾向

——玄学及形上学之形式——当代之形式——经济之形式——圣西门——马克思及其学派

社会史上之事实与他种事实之连锁，如何决定之乎？现在方法既尚在寻求之中，则吾人欲明定一种积极之方法，为时未免过早。然吾人对于此种研究，切须注意于精神之不可过于疏懈，盖就吾人经验而论，吾人已深知学者每有一种自然之倾向将吾人置诸一种科学研究上必要条件之外，吾人于此不可不慎防之。

在学术中每有一种极自然之倾向，隐在所有形上学之基础上，此即必欲使混乱之现象具有一贯性是也。在社会史中此种倾向每每强迫吾人必在所有事实中求出一种唯一根本之原因。

假使吾人在一种有形的形式之下而搜求此种原因，而且不问其属于形上学或玄学，将此种原因加诸实际现象之上，则吾人工作之目的无非加一层结构于事实之描写，有如回教徒所常致之"此为阿拉之意"。此种添加似属无用，然至少不至于阻碍吾人之窥见真事。即使在事实方向中吾人直接参进一种玄妙之原因，例如造物，吾人即显然置身于一个非科学之范围中。然吾人既摈弃此种陈旧之程式，吾人即不免以一种暗藏之形上学代旧日有形之形上学。吾人已宣言排斥世界上外部之原因，而欲在事实本身中寻求此唯一根本之原因。

吾人之自然倾向往往在历史之一支中取其一类特殊之事实而称之为所有其他事实之根本原因。当宗教最为显著时，吾人即取其时之宗教，维哥（Vico）之著作即以此为其题旨，古朗什之《古城》（*La Cité antique par Fustel de Coulanges*）亦以此为其根据。迄十九世纪，科学大昌，英国之白克尔（Buckle）及法国之杜波伊累蒙（Du Bois-Reymond）即取此以为其题。

经济史专家之以经济生活为根本之原因，固亦势所必至者也。德国马克思所鼓吹之经济史观原理即由此建设而成。

经济史观之学说创于法国之圣西门（Saint-Simon），彼实可称为历史哲学上各种观念之一大泉源，法国第利（Augustin Thierry）之根本观念即系彼所传授者也。彼深知经济状况如工作之组织及生产之方法等大有影响于社会阶级之形成，社会阶级大有影响于政治之组织。彼视社会组织为一种现象，吾人可以研究之而不产生之，盖一种脱离人类意志而独立之自然形式也。彼以为生产

第十八章 社会史之系统

方法之技术进步足以变更社会之分配，并且说明经济上之利害如何与政治组织发生关系。然彼仍复承认人类历史上之主要原因有二，因之吾人并有二种并行而不相属之历史，即经济史与理想史是也。彼未尝有志于此二者之贯通，且亦未尝建设一种整个之系统。

马克思取圣西门之观念，据以造成一种特异而普遍之系统以说明一切人类社会之演化。其理论最初在其杂著中略陈之，嗣于一八五九年详述于其《经济学批评》（*Zur Kritik der politischen Oekonomie*）一书中。最后彼即以此为历史之基础。彼于经济现象中选出一种可为所有经济组织及所有社会之原因之事实，此事实维何，即生产方法是也，换言之，即工作之形式也。彼以为足以引起他种变化者实为生产方法之变化，故生产方法之变化实为演化之最后原因。

此理论由恩格斯（Engels）完成之，再由马克思之信徒整理而应用之。在德国有高资基（Kautsky），在意大利有罗利亚与拉白利奥拉（Loria et Labriola），著有一八九六年出版之《唯物史观论》（*Essai sur la Conception materialiste de l'Histoire*），在美国有亚当斯（Brook Adams）著有一八九七年出版之《文明与衰替之定律》（*Law of Civilization and Decay*）一书。

此种理论之纲要大体如下之所述。所有各种人类之事实，如政治、法律、宗教、美术、哲学、道德等，均无非一种社会经济组织之结果。吾人固应注意其在人类想象中所具之特殊形式使之有别于经济上之事实；然皆不过形式而已，错觉而已，名义而已；即使其现象有时有若变化之原因，实则并非变化之原因也。

所有历史上之事实均不过经济事实所产生次等之结果而已，或甚至单纯之错觉而已。人类往往相信用一种"理想的"概念之名义以求得政治上、宗教上、教会上之一种变化，若辈初不知凡此皆不过一种经济阶级之表象，一种经济要求之代表人。吾人可用下述程式说明之：经济为所有社会之基本结构。路德深信奋斗以建设一种教条，然此种宗教现象不过基本经济组织之形式而已。路德不过一个德国中产阶级之选手，努力反抗罗马宫廷经济榨取之勇夫。胡斯派中人亦然，自以为为夺圣餐杯以交诸俗人而奋斗，初不知其宗教奋斗已变为一种乞克工人与压迫阶级之社会争斗。

吾人用此法可以说明何以经济组织竟能产出道德、家庭组织、奴隶制度及工人之痛苦。此种理论亦有称为唯物史观等，实不切当，盖唯物主义乃一种形上学中之主义也。以物质现象之影响说明社会之演化，既不属唯物主义亦不属形而上学，而在论理学上甚至能与理想的形上学相合者也。罗哲斯（Thorold Rogers）称之为"经济史观"实较为正确焉。

二、经济物质主义之批评

——物质状况分析之不全——经济行为与他种行为间连锁分析之错误

此种系统之所以产生及其暂时之所以成功，不特因其理论足以满足一种自然纯朴之欲望，能将社会纳诸一种唯一之原因中，并将文明史变成一种单纯现象之演化。且亦因其理论足以代表一种合理之反响，以抵抗旧日纯属文学家、博学家、法学家或传奇家等等历史观念，盖此辈仅研究文学上、宗教上、法学上、政治上之事实而忘却或漠视经济状况之影响，并即以此种观念说明所有人类之演化也。古朗什将所有古代城市之演化归功于宗教。对于此种纯属理想之概念，当然有人欲以一种唯物概念对抗之矣。

此种反动固有其部分之理由。手工之技术当然大有影响于全社会之智慧及其行为之方法。而且经济动机在人类行为中其地位亦当然较史料所能诏示者远为重要，盖此种动机吾人往往秘藏于较为高尚较为富丽之"理想的"动机之下也。然吾人如欲以工作方法之改变说明所有一切之革命，吾人之解释必极危险，兹故述其缺点如下。

此种系统实出发于一种混乱之观念，以为人类既属动物，则人类之集合行为与其个人行为同，必具有一种唯物之原因，社会之组织及演化亦复如是。然吾人至少必须明了物质状况之全部情形如何。吾人将知经济组织并非人类社会之唯一组织,盖尚有其他数种焉。

（一）自然地理环境及人为环境因其能予人类以多少之便利故足以决定多种人类之行为,而且引起社会适合于某种之组织。

（二）人种遗传之生理状况足以影响人类之冲动、行为,甚至某种集合行为之便利。

（三）人类个人之实际团结往往依其物质上之特性,如性别、年龄、疾病等人口学上之对象,足以便利或足以妨害某种行为或组织。

吾人欲以唯物之系统说明人类之行为及社会之组织,则所有此种物质状况皆须注意及之。而且即使吾人之研究过度专门,而以纯粹之经济生活为限,吾人亦无权可以将经济生活缩至工作之组织而视为唯一之原因。人类欲望每欲以极少之工作得最大之享乐,此固为人类生活上之一大因素,无可讳言；然此仅经济生活现象之一端而已。经济生活之标准不仅唯此而已,尚有知识之程度焉,技术习惯之程度焉,其影响于生产之量与质也均甚大。此外并于享乐之选择上有相对价值之观念焉。是故经济生活所包含者至少有一相当部分之心理现象（知识,技术能力,愿望）,其影响为吾人所常常感觉者,固无权可以摈弃之也。

最后,吾人即使置心理因素而不论,经济生活之物质组织亦决不仅限于分工制度、生产方法及运输方法而已也。尚有分配之习惯焉（财产制度）,其存在并不纯赖生产之分量而止,尚有其他种种足以创造此种制度之先事焉：如信仰，如道德，如政治，皆是也。

是故吾人即使根本上承认物质生活足以解释一切社会制度之原理，而唯物史观之太不完备则殆可断言。此种原理盖绝对漠视大部分之物质状况，而对于其本欲研究之物质状况则又加以武断之割裂者也。

此种理论既专注于经济之现象，因之对于联合经济组织与他种社会组织如政治、法律、宗教、道德、科学等之连锁遂受障碍而无所知。以为所有政治上、法律上、宗教上、道德上之行为均属经济组织直接之结果，或仅系获得经济财物之一种方法或名义而已。

实际事实之观察并不能证实此种理论之充分，而此种比论不能不使吾人断言有多数事先行为非此种解释所能说明。所有古今来宗教上、科学上、哲学上、政治信仰上之信徒与烈士，其特立独行之处即在于其漠视物质上之享乐，古代如是，现代亦尚如是，而物质上之享乐固经济生活藉以构成者也。人类活动并不尽以获得物质上之享乐为目的，一人在经济组织中之地位亦并不直接原于其物质上之享受。社会组织并不纯为上流阶级或上流阶级之经济利害关系而后造成。社会之形成及其变化，除经济史观所主张之原因外，尚有多种更为复杂之条件焉。

第十九章 社会史与其他历史之连锁

一、决定连锁之方法

——原因及条件

所有系统,为欲说明各种社会现象之共通性起见,不能自承认社会生活之一贯入手,此盖根据于一种无形一致之必要,违反科学方法之条件者也。吾人无权可以事先假定各种现象之一致,在化学上如是,在社会科学上亦复如是。他日吾人果能在各种现象中证实其有一种隐藏之一致,必在吾人经验中已有各种不同之事实为之证明而后可,亦必在吾人已证实各种现象间互相依赖情形而后可。是故吾人欲发见社会事实史(经济史)与他种历史间之连锁,非自实验上之观察入手不可,而此种观察所求者即一种原因或条件之连锁也。

第十九章 社会史与其他历史之连锁

"原因"与"条件"之区别本通行语中之物。在科学用语中,一件事实之条件为产生此件事实之必要事实,故其为物与原因完全相同。例如当吾人用火燃火药以裂开岩石时,则岩石也,火药也,火也,皆条件及原因也。然在通俗用语中——此即历史中用语——所谓原因系一件最后事实之直接在一种现象前者,此种随即发生之现象称为结果。火燃火药,即原因也,至于条件则为先前之事实,如岩石与火药皆与结果有同等关系,然其本身不足以产生结果。此种区别纯自实验得求。事先之条件既不能产生显而易见之结果,故吾人不能骤然了解之,唯有最后之一条件甚为显著,故吾人仅以此一事为原因。其他各种原因非反省后不能发现,吾人遂名之曰条件。在哲学中则适与此相反,吾人往往称原因为最普遍之条件,即构成火药之原质之爆裂性是也。

纪事之历史纯注意于最后之原因,盖能予历史叙述以一种动情兴趣者仅此而已也。历史家之所以研究条件盖因研究社会反映之故耳。就科学用语而论,吾人如将条件与原因概纳诸同一观念之中,则吾人在实际上不能不辨明两个范畴:(一)条件或原因之被动者,消极者,永久者,必要者,然又不足以产生结果者。(二)条件或原因之主动者,积极者,偶然者,而且直接在现象产生之前者。

吾人于此有二类问题:

(一)社会史所研究之事实如何影响其他各种事实(或不如谓为其他各种事实之条件)?反之,其他历史所研究之事实如何影响经济之生活?

（二）一种事实及此种事实演化（即历史）之同样知识何以有益于他种事实与演化之知识？社会史何以有益于他种历史之知识？反之，他种历史之知识何以有益于社会史之知识？

吾人对于此四问题，先研究社会事实在其他事实上之影响及社会史对于其他历史之用途。至于其他事实之影响及其他历史之用途当于下一章中详论之。

试问社会事实本身所及于其他事实之影响为何？吾人于此仍须辨明人口学上之事实与经济学上之事实。

二、人口学上之事实

——物质条件之影响，人类地理学，人类学，物质事实之特点，物质事实为生存之条件，非方向之条件

人口学所研究之事实为物质之事实，为人之生存，数目及分配等之事实（如一地方之人口，人口之密度、年龄、性别、疾病、犯罪、职业等），与物之生存、数量及分配等之事实（如全部之财富、农田之分配，动物，钱币，生产工具，运输机关，道路，运河，铁道，所有各种出产品之数量等）。

此种事实之有影响于社会生活甚为显著。无人口即无社会之生活，无生存与生产之方法即无人类之生活。此皆人类现象中不可或

第十九章 社会史与其他历史之连锁

缺之条件。人口学上之事实在此种意义中实为所有历史事实之"基本结构"。然吾人对于地理学上之非人的事实亦可予以同样之地位。无土无水即无耕种,亦即无人类之社会。吾人其能因此而谓地理学为社会之根本原因,而历史事实之原因即在地理现象中乎?此即"人类地理学"之题旨而德国拉最尔(Ratzel)所欲组成为科学者也。

若加以精密之研究,则此种科学之前提似大有讨论之余地——至少吾人可将其主旨另以下述同义之言申说之:即"凡人类不能生存之处,人类不能生存"是也。地理上固有某种状况足使某种人类之组织无法存在,如在冰河之气候中欲种橄榄实不可能,然此纯属消极者也。地理上固亦有某种状况足使某种组织可以实现,如有海口者可有海船,然此纯属实际者也。实则人类地理学上之定律无一以历史为根据者,亦无一有历史为之证实者。吾人欲享"人类地理学上之定律"之权利,吾人必须能言"某一种地理上之状况必能产出某一种社会之事实"方可。然此则永不可能者也。试证以事实,在同一地方,有同一之地理状况,而各时代所实现之社会状况则往往极不相同。例如十四世纪时之英国,其土宜与气候与今日完全相同者也,然在当时则为牧羊之地与今日之澳洲无异,既无工业,亦无商业,亦无航业。

吾人之以人类学说明民族之历史其情形亦正与此同。吾人以为某种人类学上之结构必将引起人类中某种社会之组织与某种之行为。各民族之生活与行为为其人种之结果。希腊人种必擅长哲学与雕刻,德国人种必富于自爱其母国之精神。德国萨维尼(Savigny)

及其"历史学派"将各种不同之制度归功于"民族精神"（民族天才）之不同，法国泰涅发展其著名之人种理论，即根据此种学说而来。此种推理之缺点甚为显著。即使吾人承认人种有遗传之气质为某种组织或行为不可或缺之条件——如唯有希腊人有造就希腊雕刻之气质——无论如何，人种说之不充分则可以断言，盖在同一人种中祖宗与子孙之生活并不相同，希腊人在西元前七世纪以前并无雕刻之可言，而在罗马帝国时代则竟不再产生矣。

以上所举人类地理学与人种理论之两例足以表明吾人决不能纯用社会中人类之物质状况说明人类之各种现象。物质状况固属不可或缺之条件，然不足以产生一种现象也。人口学上之事实亦然。例如稠密之人口多于每一百方基罗米突仅有一人者当然为一种民族开化之必要条件。然在密度相同之人口中其相异之处或且有较密度相异之人口中尤甚者。例如比利时为人口稠密之国家，反与人口较为稀少之挪威或美国相同之处较多，而与人口稠密相同之孟加拉或埃及相同之处较少。吾人决不能自人口密度中提出结论以断定其他任何一种之社会现象。吾人所能断言者至多为何种现象为可能，何种现象为不可能而已。然同一条件可含有两种相反之可能性也。例如人口繁多，一方面有移出国外之可能，一方面亦有集合于一处之可能；一方面有建设各种工业之可能，一方面亦有限制消费至最低限度之可能。吾人固不能事先预言究竟此种相反之解决中何种将实现也。性别、年龄、疾病、职业等之分配亦复如是。财富与经济行为之方法等亦仅属行为之可能性而不能产生行为之本身；此种事实甚至对于拥有财富之人亦未必能产生必要之影响。贫富与否当然不能谓其与一种民族无关,然或贫或富不能使吾人预料其将来所取之方向为何。一种民族之活动决不与其财富成任何之比例,正如移民国外并不原于人口数目之多寡也。

是故人口学上之事实充其量不过一种社会组织生存之条件而非其直接之原因。此种条件之演化能为他种事实相当演化之主要原因,仅在其能使此种事实之存在为不可能而止——例如人口之消灭;或使前此不可能之事实成为可能而止——例如一种新人口之建设。然除此种极端情形外,人口学上之事实对于其他人类之事实并无一定之影响也。

三、经济事实

——研究此种事实在社会上及演化上之影响之方法

所谓经济现象,其主要者为工作、分配及生活状况等之习惯与规则。(1)关于生产之事实,专门技术与耕种器具、工业、运输、分工及随分工而来之人类专门职业。(2)关于评价之事实,价值、市场、交易、商业、信用。(3)关于分配之事实,产品之分配、财产、资本、租金、工资、转移及契约。(4)关于消费之事实,及因分配事实而来之人类生活状况,此为各人财富之分摊及消费,并因此而发生各种贫富不同之社会阶级。

此种习惯与规则在生活之其余部分究有何种之影响耶？吾人可观察现代社会之情形而论证之。吾人已确知一人之特殊职业，其维持生活之方法，其在社会财富中所享受之部分，其本人及他人对于行动及享受方法之观念，以及其消费之组织等——凡此种种在其所有他种之行为，其政治生活、理智生活以及一般行为上均有甚深之影响。然吾人切须注意具体之事实，不可以一种抽象之行为为能影响于他种之抽象行为也。例如吾人不能以经济组织之行为为有影响于政治之组织或法律，吾人须用实验工夫以研究各种习惯与状况之影响如何发生也。

（一）就个人论，一人在经济生活中所取之习惯及其所处之物质状况，如何影响其他种活动乎？此种习惯与状况能予以各种物质的方法使其获得有利于他种活动之物品，如动产、衣服、美术品、教学方法是。此种习惯与状况能操纵其专心致志于他种活动之时间与便利；亦能予以与他人接触之机会或使之孤立；亦能发展或耗费其对于他种行为之兴趣与能力。吾人对于此种不同之行为方法加以研究之后，吾人方可依据经验以明定职业、工作、余暇、享乐、财富等在各种不同之单独现象上——无论其为私人生活（习惯、风尚、娱乐）、理智生活、实际道德，或甚至政治生活——有何种之影响。吾人将见有一种职业上或生活标准上之自然倾向于某种习惯、信仰、美术、道德及政治活动之形式等。

（二）就团体而论，吾人必须研究经济组织之集合习惯与规则，在同一生产或运输团体中各人工作之分配，执行机关之组织，即主持之人员及其职权、行为方法及补充；价值与交易机关之组织，即决定价值与交易规则之人员及其行为之方法；产品及财产分配机关之组织，即决定财产与享受规则之人员，社会阶级及各阶级间之关系。吾人亦须研究各机关中之属员及主管者在其他非经济之社会阶级中——如中央或地方之政治团体或宗教团体等——占有何种之地位；此辈在此种团体上之行动其方法为何；其对于公众规则（风俗、权利、判决、法律）及行政之组织，有何种直接之参与；其对于他种活动之受制于风俗或法律者，此辈间接之影响为何——在其实际经济生活中，何种集合组织之习惯由此辈引入政治生活或宗教生活之中，何种经济利害为此辈所欲厚待。此外并须研究为决定价值而建设之经济集合组织其及于政府之影响为何——主持市场之人员如何影响及于政府中之人员；在产品分配中，政府人员与国家赋税之地位如何规定。最后并须研究社会中有无根据经济基础而组成之阶级。

吾人不仅须根据经验决定在某一时期中，经济习惯与组织如何影响人类生活之全部，并须研究经济生活之演化其影响之及于他种演化上者为何。依经验的方法而论吾人应在历史上已知之经济生活中，比较各种不同之演化，以察其是否常随有他种活动之演化。例如在工作之技术上或分工之制度上发生一种变化时，是否有一种理智生活、风俗、法律及政府组织等之变化随之而起？又如一种变化之产生是否常常原于价值决定方法上，交易或信用方法上，或产品分配方法上，或社会阶级区别上，或各阶级关系上，起有一种变化之故？

就经验而论，吾人未尝见有一种经济组织之单纯演化，在各种不同之社会中，永远随以他种组织之同样演化。吾人所见者则有时果有此种互相关联演化之产生，而有时则无之。各种演化间之连锁在古代与在现代并不相同，在基督教社会中与在回教社会中亦各不相同。吾人如欲研究其一定之相互关系，吾人必须分析彼引起演化之各种条件，以便决定经济之特殊影响为何。

是故吾人无权可以事先断定社会事实——无论其属诸人口或属诸经济——对于他种事实具有特殊之影响。此种事实不特不如经济史观学者之主张，视为唯一根本之原因而占有例外之位置。实则此种事实之地位适与经济史观之主张相反；并非通常所谓原因；实仅社会一般生活之消极条件而已。如无此种事实之产生，他种事实将不可能；如无人口或经济工作，将无社会之存在；一个社会欲在各方面均有相当程度之活动，当然不能不先有相当之人口及财富。然此皆不过生存之条件而已。一旦社会具有此种条件以后，则其一切活动如宗教、道德、科学、政治生活等所取之方向，均将以社会事实以外之他种原因为其标准。而此社会在各种活动中之演化亦均以社会事实之演化以外之他种原因为其根据。普通意义中所谓原因——即产生社会显著变化及指示社会方向之事实——并非经济事实也，乃他种事实也。

吾人须知在人口上或经济上之一般状况中所能获得者仅消极之

条件而已。欲决定历史上各种演化之积极原因，非注意他种现象不可。至于社会事实本身所及于社会全部之影响如何，吾人仅能依经验之研究而决定之。此种研究即各种经济事实之分析研究也。唯有此种研究方能建设所谓科学的"经济史观"，而所谓科学的"经济史观"，即研究经济事实所及于人类演化之影响者也。

四、社会史在历史知识中之地位

——统计学之地位——经济史

吾人于此尚须一论社会史上事实之知识对于他种历史之知识何以必要。

（一）人口之统计对于他种历史是否必要？无论如何，此于定性之历史决不必要。吾人研究一个社会之理智生活（如语言、美术、科学、宗教等），其私人习尚或权利，甚至其政治组织等，均无明悉此社会人口数目之必要。实际上吾人对于上古时代及中古时代之人口虽绝无确定之观念，然对于此二代之历史未尝不了解之。然若吾人欲求定量之知识，则人口学实为不可或缺之物。如吾人不知社会团体数目之重要及各政党人数之比例，则政治组织史即不完备，古代制度史之大缺憾即在于此。如吾人仅欲研究他种演化之特点而不顾其比例，则人口现象之历史——即人数之演化——即无研究之必要。然此种研究足助吾人了解因人口运动而生之各种变动，政治上之变化尤为如此。如吾人欲在现象中表明演化之实际上重要，则此种研究亦属必要。吾人可以不求助于人口学而了解奴隶变为佃奴及骑士变为贵族等演化之性质。然吾人欲明了此种演化在各地方与各时代实际上如何分配，则数目之为物，又属不可或缺矣。

（二）经济史对于他种历史之所以必要，盖因经济事实及其演化为他种事实之条件而又为他种事实演化之原因故也。理智史可不需此，盖吾人不必表示其物质行为之方法也。凡信仰、科学、主义、美术等研究，亦莫不如此。然吾人决不能研究风俗史、制度史、法律史、政治史，而不注意经济生活之一般状况及重要之变化。是故经济史者制度史及事实史必要之辅助科学也。

第二十章 单独事实及于社会事实之影响

一、问题之位置

——经济事实及人口事实不同之范畴

研究社会史对于他种历史之用途,实即研究他种人类活动及其演化在社会生活上及社会演化上(经济上及人口上)之影响,而他种人类生活史对于社会史之贡献即由社会生活及其演化而来。是故吾人可以因此断定实际上有功于社会事实史之一般或特殊历史知识之为何。

吾人于此先分别讨论单独现象(行为及思想)之影响,再讨论集合现象之影响。

试问单独事实对于社会事实之影响如何?当吾人分析社会事实时,必先明了此问题之意义。吾人曾谓吾人讨论经济现象时,不能囫囵吞枣（经济结构系一种危险之暗比），应依经验描写之以便了解其真相。世间并无全部经济结构而受他种特异现象之驾驭者，正如世间并无全部经济组织而受一民族全部政治组织之驾驭者然。在一社会中，必有其经济习惯之系统及经济生活之集合组织。吾人欲研究经济习惯及组织对于他种事实之影响，必自每一种特殊习惯与组织入手。是故吾人必须注意此种全部习惯及组织之系统精神。

（一）生产及运输之技术方法，各种工人（包指导者在内）间集合组织中之分工。

（二）规定价值及代表价值之方法，交易之方法，商业之组织，钱币及信用。

（三）分配之方法，货物及代表价值之转移方法，财产及契约制度。

（四）依据职业及其在价值分配中之地位而发生之社会阶级。

至于消费问题，普通讨论时往往归之于经济事实中，然此乃美国学派之理论，而以消费之影响为根据者也。其在欧洲则消费习惯之历史始终为风俗史之一部分。

人口上之现象亦然，非分析不可，盖吾人不能不分别研究他种人类现象对于人口上每一种现象之影响如何也。是故吾人必须辨明（1）人口之总数，（2）人口之密度及其分配，（3）性质、年龄、性别、宗教、教育程度之比例，（4）人民之移动、生产、死亡、婚姻及迁徙，（5）各种灾害、疾病、犯罪、自杀等。

对于每一现象，无论其为经济上者或人口上者，吾人应有下列之问题：其影响之及于他种现象者为何？其产生也根据何种理智上、私人或政治上之习惯与组织？其物质上或心理上之机械作用为何？当吾人研究其演化时，换言之即研究此种事实之历史时，吾人须问究有何种理智上，私人或政治上之变动产出或有影响于经济上或人口上之变动。此种有系统之考问足以阻止吾人不致在经济事实本身上搜求此种事实及其变动之解释，亦不致比较各种统计表以决定社会演化之原因。

单独事实对于社会事实之影响其形式有二：（1）最重要之形式为普通之习惯，（2）其次为特殊之事象。

二、习惯之影响

——理智习惯，信仰，知识，物质习惯，私人生活，消费

同一群中个人之普通习惯或系此群中全体（或多数人）所承受之概念，或系其所举动乃模仿同一模范而再举之行为。吾人可以分之为二类：（1）理智习惯，此中主要之部分为一种理智之概念，物质行为仅属一种象征，其目的即在表示此种概念（信仰、美术、科学、主义）；（2）物质习惯，此中主要部分为物质，其理智行为仅在指示物质之行为（营养、衣服、居室、娱乐、礼节）。

在理智习惯历史中吾人必须研究对于经济生活组织上有相当影

响之习惯，换言之，即能限制经济行为或组织（物品、产品、分工、运输、道路、商业、财产）之习惯。

（一）信仰。吾人可以事先料到信仰之在个人一切行为上必有重大之影响，盖各人生活皆依其对于世界及其个人在世界中地位之一般概念而定者也。

此种概念直接影响于其各种之行为，因之影响于各种人口学上之原素，盖此种原素如居处、迁徙、生产、婚姻、自杀等，皆由人类志愿发出者也（例如吾人常见所有此种事实如何根据宗教而发生）。此种概念亦影响所有经济生活上之事实，此种事实盖发生于社会中人之选择，而对于物品及功用之估量与价值，影响尤大。祭司或巫觋职务及宗教上仪节之所以繁忙而取值高贵，即此种信仰之结果。就消极方面而论，此种概念亦足以限制生产及分配，因其以某种行为为不洁或与某种生物发生关系在道德上或宗教上为不洁故也。例如酒也，猪肉也，当受宗教或道德禁止时，即无价值矣。间接方面，此种概念亦足以阻止信仰不同之人之经济结合，例如印度之阶级是也。是故社会史家对于信仰之历史不能不注意及之。

信仰之形式甚为繁复。其最重要者为宗教，盖即信仰之整个系统而具有仪式与信条之形式者也，所谓信条即哲理及道德之规条也。社会史家对于宗教本无了解其详情之必要，仅研究其在社会生活上有实际影响之事实即为已足。是故对于所有形上学，所有道德理论，所有神道学，均可置诸不理，而仅注意宗教之信仰，与实际义务有关之哲学或道德，以及仪式之规条足矣。凡此各种事实，均另有专史详述之，吾人只须明了此种参考资料之所在即为已足。

实际上之困难在于明定此种信仰之所在，明了此种信仰之影响于行动者究在人类中之何群。盖专门家往往研究信仰之形式而不甚注意其分配之情形，至于确定信仰影响所及之范围更非所顾及矣。

各种信仰中有一类焉，其消息至难获得。吾人研究道德上之原理及古今来之公家道德，勤力逾恒；然实际道德之历史则至今尚未有切实之研究。人类实际上之行动究竟根据何种实际道德之规则，吾人至今未能知之也。观于此点，吾人在专史中所得之资料实极不充分也。

吾人欲了解文明程度较低之民族社会生活，信仰之知识尤属必要。盖信仰之形成本在一切科学之前，而且为最初统御一切思想与道德生活之主宰。迨由观察而来之知识逐渐形成而后，信仰方渐形衰替。吾人欲了解古代之社会亦然，宗教信仰及迷信之研究亦较为必要也。

（二）美术之影响远较吾人通常意想所承认者为弱。吾人因纯粹孕育于文学中之故，对于文学及美术往往抱有一种错误之印象。吾人如以十年时间专究美术现象，吾人即将于不知不觉之间认此种事实为占人类活动之大部分。此种错觉因受文学家及专究美术品之考古学者之影响而愈益扩大。其实即在今日大多数人类中，美术在生活上所占之地位甚小；此则即在美术发达之希腊时代即已如此，吾人试观希腊史家对于当时美术上伟大事象之不甚注意，即可见一斑。美术之于人口上事实影响甚小；吾人研究人口上之事实时，对于美术可以摈斥不理。至于在经济生活上则美术之影响仅在其能创造小数之美术的价值而已；盖工艺所赖者社会风尚居多而美术兴味为少也。

（三）知识（在此词中包括纯粹科学、实际知识及专门技术）之于社会事实则反是，其影响甚为重大。知识之影响其进程盖与信仰同：个人对于世界及其地位所抱之概念，无论其来自科学或来自经验，实足以为其大部分行动之指导。此为科学与宗教会合之范围（至于道德则自有其单独或界限未清之范围）。知识之影响于人口上之事实（如团结、迁移、死亡等）及经济上之事实也，就直接方面言，能予物品、养料、原料、动物等以价值之观念；就消极方面言，能停止无用物品或已有别种较好物品足以代替者之制造或生产；就间接方面言，能表明吾人意中未有之经济组织之优点，或解除旧日阻梗新组织之宗教上或道德上之成见。

此外，知识影响之发生有一种属于外部之进程，而为纯粹想象之信仰所未具者。知识能使吾人了解外部之实际世界及人类对于世界影响之实际进程。知识能示人以心理上实际之方法以为应付人类或劝诫人类之用，以及经济生活上极有力之方法以为估定价值及组织交易之用（例如宣传、信用、投机等）。知识亦有时能示人以心理上（如训练）或生理上（如选择）之方法以利用动物。尤为重要者，知识能予人以实际上或物质上之方法以运用材料，及生产与运输之全部技术。知识固不能创造工业，然为工业创造之必要条件而且能予工业以种种之形式。分工制度及因此而发生之生产量虽受他种原因之影响,然生产之性质则有赖于技术,而技术实即知识也。

是故当吾人研究社会史时,吾人虽不必了解科学史及专门技术史之详情,至少须略晓科学史中可以应用于生活及实际道德上之部分以及生产技术之历史。此固易于从事者也。唯一之困难在于明了某一时期某一社会中知识及方法之传布情形。此为科学史专家所最不注意之问题,而其消息亦最形缺乏者也。

(四)物质习惯之于经济生活亦大有影响者也。物质习惯盖为生产之目标,故因之并为生产之指针。吾人所生产者无非所以满足物质之欲望。所谓物质生活其主要部分为物品之消费如养料、衣服、居室、动产及享乐品之类;此为介于经济生活与众人习惯间之范围。此种习惯骤视之似仅系经济生活之结果而已,盖吾人消费之物品由生产行为而产生,且由分配行为而分配者也。然吾人之生产目的仅在消费,而消费行为实指导生产之方向。就此种意义而言,物质消费之习惯实为所有经济行为之原因,且亦须视为经济研究之根本目的;吾人欲了解生产行为,不能不先研究消费者对于生产者之愿望为何。是故消费之历史或即物质生活史应为经济史中开宗明义之第一章也。

所谓消费在实际上之关系甚为繁复,并非常为一个纯抱消费观念之顾客而已。此外有售物者(即制造者)受商人之指导而供给物品于消费者并予以消费之观念焉。此两种之活动关系极为密切,欲加辨别非另行研究不可也。

然经济史不能不顾及消费史;对于消费者之自然需要——即物

质生活史——有了解之必要。此实现代或过去社会生活中最为世人所不注意之部分；而且就美国方面所为者观之，此部分实为社会史中最有教育价值之一种研究。消费行为不特因需要性质有影响于生产及商业之故，对于生产行为有直接之影响。上古时代因需要紫色颜料或琥珀之故，其商业多指向希腊或波罗的海。又如中古时代之香料需要促进东印度航路之发见皆其著例。间接方面需要之形式亦足以影响工作之组织。如需要之形式或系继续，或系无定，或系反常，则随之而产生之工作必因之而或系有定，或系荒季，或系危机。如需要之形式来自多数人或少数人，或系奢侈品或系常用品，则生产之制度必随之而大不相同。社会史家固无熟悉物质生活史上详情之必要；然对于消费物品之种类，用途最多之原料性质，以及需要之数量及时期，均不能不略识其梗概也。

私人生活中所包之行为，或系日常者，或系定期者，或系严重者；故私人生活史所研究者为时日之分配，休息之时间，沐浴及医药之习惯，庆祝、欢宴、仪节、娱乐及运动等（如畋猎、游戏、赛会旅行等）。此等行为为消费行为之一部分，盖因其有需于物质之物品及服务，不能不役使多数之家庭仆人、旅馆侍者、特派差人、理发者、医生及伶人也。故此种行为之影响足以指导物品之生产及工作之区分。

此外，此种行为尚另有一种影响焉，不仅在制造上而已，且及于所有专心于物质服务之人类；因其将此类人置诸与生产者不同之一种经济范畴中也。是故吾人研究社会史虽不必了解私人生活习惯之全部，至少对于需要多量生产之习惯及固定相当人数于私人服务中之习惯，不能不知其概要。吾人欲了解十六世纪时西班牙之经济生活，如能明白当时有一部分人之生活系属地主之仆人，此种知识决非无用者矣。

影响之最大者莫如风尚，因其能创造或毁灭价值也，风尚之为物实为所有奢侈工业及工业变迁最重要之原动力。是故吾人不能不注意风尚史，至少应注意有影响于物品种类与服务需要之变动之各种新风尚。吾人须知风尚中心之位置，及此种中心之变动，因其与商业及工业之组织皆大有关系者也。在上古时代，风尚之现象仅限于人数甚少之贵族阶级，然其在商业史中并不因此而减少，盖当交通困难时代，所谓商业仅以奢侈物品为限，十三世纪至十五世纪间之香料贸易即其最显著之实例也。

三、单独事象之影响

——发明与创造——由在上者所产生之方向变化

单独行为构成通史之大部分。经济史所必须了解者仅其主要部分与一种物质演化之起原有关者已足，然亦仍不须研究其详情也。经济史无需研究穆罕默德或拿破仑之一生，仅明了其有一般物质结果之行为如禁酒及大陆封锁政策等已足矣。

单独行为能在经济生活中产生结果者凡有二种：

（一）单独之发明或创造系一人所倡之一例而大众仿行之者。此种发明或创造最初盖产生于理智生活之中，系一种信仰（宗教上或道德上），一种美术形式，一种科学，或一种理想之创造。有时亦可在物质生活中遇见之，其形式如一种地理上之发现，一种技术之发明，或一种风尚之创造。个人之影响于此甚著；创始者能使社会变更其行动，价值之估计，或行为之方法；能创造或毁灭一种价值，一种生产之技术，一种交通之道路，一种交易之方法；或间接限制工作之组织或甚至一种人种人口现象之分配，例如移民于前此穷荒之地域或引进一种新式之种植。

（二）社会中方向之变动可由公家或临时之领袖主动之，如国家、教会、政党、团体等之首领，或根据一种合法之命令（如规则或法律），或实行一种革命以指导之是也。是故此种变动足以直接影响于某种经济之习惯、生产、商业、分配等之组织，或甚至人口分布，例如一城市之建设或毁坏是也。此种变动间接方面亦足以变更政治之组织而其反响并及于经济之生活。俄国彼得大帝之所为，即其一例也。

假使吾人不顾此种伟大之变动，则对于人类经济上或人口上之演化虽欲略窥大概，亦将有所不能。假使吾人不知此种变动之创始人，则对于变动之性质亦将一无所晓。此盖社会史中通史上必要之部分也。

第二十一章 集合事实及于社会生活之影响

一、集合之组织

——私人组织,家庭,社会制度,阶级,政治制度——统治政府,特殊职务——教会组织——国际组织——语言

吾人于此尚须研究社会事实如何有赖于集合之事实,以及社会史家对于集合现象之历史——即含有组织并产生人类间共通性之种种集合现象——应具何种之知识。集合事实凡有二种:(1)集合组织之事实,如家庭、政府、官制等之足为特殊历史对象者;(2)集合事象之足为通史材料者。此种事实所及于社会生活之影响如何,吾人应分别研究之。

所谓集合之组织即系一种人类间之永久组织,或由习惯与默许之惯例建设之,或以公家规则规定之。

吾人往往别组织于规则，而分事实为二类：即与解剖学相比之结构，及与生理学相比之机能是也。此系一种实际不能应用之暗比。结构之性质实与机能无异，均有其规则或其实际。政府之结构为各种之惯例，或系默许，或属明示，或出之公家，或原于风俗，有某一部分人为之负执行某一类惯例之责。此为一种分部行为及分工制度，与经济生活中所具有者可以比拟。政府结构虽予一部分人以特殊之权利及义务，并建设一种人员补充之制度。然此种分部执行之规则并无一种特殊之性质足以使之有别于执行方法（手续）、应用原理（法律）及执行（能力）等之规则。组织之不同盖大体原于团体之种类，即分子集合之原理是也；亦原于有系统行为之性质，即领袖之权威是也。各种组织之有影响于经济生活者以下述数类为最重要。

（一）私人结合——最重要者为家庭，盖由自然或承继之父子关系组织而成之团体，且受父或母权力之指导者也。在某种社会中，亦有相似之结合，唯由人为之连锁建设而成；此即各种团体是也，而以具有宗教性质者占其多数，私人结合直接有影响于经济之组织；因其含有一种共通之消费，对于所得财富共通之占有与移转，及因之而生之承继制度也。是故社会史家至少不能不明晓家庭及团体之一般制度，及私人制度如婚姻、母权或父权、父子关系，与承继制度等之一般演化。吾人所应知者非法理中或书籍中之合法权利也，乃有影响于经济实质之真正实际也。是故在法学家所著之私法专史中，吾人不尽能得到必要之消息；不如多加注意于专述家庭、团体及承继等真实习惯之著作之为愈。

（二）社会制度——在同一民族中同一政府治下之人类间，无论何种社会之得称为文明者，必有一种职务分配上及财富分配上之不平等，此种现象往往成为永久之制度或甚至成为遗传之制度。社会之为物当其在未开化之状态时极为单纯，往往分成层次，各层皆由生活状况相同或相等之人员组织之。此即吾人所谓社会阶级者是也。阶级一词原于罗马，其本意盖指战争时依财富多寡而排列之公民团体而言。

社会阶级之兴起，一部分盖原于经济，盖一人在一阶级中之地位由其工作之种类及其财富之多寡指定。然一部分亦原于政治，盖握有公家大权之人往往结合而成上流之阶级也。是故阶级之划分不尽如社会主义者所主张纯由于经济之关系，阶级制度盖一种混合之制度也。社会之"结构"为一种经济现象与政治现象之产品。此种权力与财富之永久不平等实驾驭经济生活中各种责任之分配，因各阶级间分工之故，其影响直接及于生产制度之全部；并因各人工具及方法不平等之故，其影响益为显著，其结果则为资本之创造以利上流之阶级而压迫下流之阶级如奴隶、佃奴及工人等。

自罗马法律时代之社会以至二十世纪民主之社会，阶级制度之演化渐将贵族之阶级制度及阶级之法律划分，渐形毁坏，而逐渐引入一种相当之变化，即分工制度、资本分配及榨取方法是也。

社会组织之影响并亦直接及于价值及商业。在一种民族之经济生活中，一切均已不同，盖少数人有满足其所有欲望之专利权，而一般自由及便利足使所有居民皆进于消费者之一阶级中也。一种贵族之社会除奢侈商业外几别无他种之贸易，如组织成为民主，则商业必扩充至一般消费之物品。是故吾人欲了解一地方之经济生活，必须明晓其阶级之制度；欲了解社会史，必须明晓此种制度之演化。

（三）政治制度——政府为一种最显著之组织，其及于社会生活之影响亦最为明显。政府中人因握有实权之故，其及于社会中其他诸人之影响遂并有其实际之方法。经济之组织，有如所有物质之组织，实在政府直接指导之下。财产、承继及契约等分配行为之规则也，商业、钱币、信用等交易行为之规则也，有时甚至耕种、工业、运输、工资等生产行为之规则也，皆由政府建设之。此外握有政权之人往往利用其地位以支配或甚至垄断享乐之经济机关。此种政治所及于经济生活之根本影响，马克思派中人表彰甚力也。

是故吾人如欲研究政治制度及于经济生活之影响，决不可取整个之国家而仅研究其一般之行为而已足，必须分析政府中之人员及其行动之方法而分别研究之。先分别中央主权所在及特殊职务所在之机关。中央权力机关当其决定组织之规则时，甚至足以直接影响经济生活之方向。特殊权力之下属机关当其予经济行动以便利或障碍时，足以影响其实际。吾人欲辨别此种影响，必须依照一种切实之方法，则对于统治者、国务员或其宠臣等均须加以分别之研究。于是再进而研究各种不同之职务，如陆军、财政、司法、警察、工务、教育等。更进而研究地方之权力机关，随时分别注意研究各种人员之影响。最实际之方法为预先提出下列二种之问题：

（甲）经济活动各种不同表面之受政治人员之影响者：农业生产，矿业，工业，运输；价值与交易（信用，商业）；分配及移转；消费。

（乙）政治人员之行为方法。此种方法实较吾人在表面上所得之印象远为繁杂。政府可用直接之方法如命令等以规定有经济性质之预算案及经费法规。此外政府因有权力之故并亦有间接行动之方法数种，吾人不能不注意及之：（1）行政人员往往握有经济利益之特权，其形式为优待、公众事业、借款及各种诈欺之事。（2）各政治机关引入生产者与各种职务关系中之方法，兵士之补充及屯驻，司法及警察，恩惠或压迫，财政制度及其流弊与满足，足以补助生产或指导消费或限制私人工作之公共工作，足以传布技术及变更价值观念之教育。（3）君王、宫廷、高级政治人员等生活及于风尚与所有与风尚有关之生产行为之影响。

（四）教会组织——此仅系政府之一种特殊形式，所不同者方法而已，盖其行为方法系属间接或想象之限制也。是故吾人须以研究政府之方法研究之。正如吾人不能用概括之论调而有所谓"国家之行为"教会亦然，吾人不能有所谓"教会之行为"。吾人必须分析教会中之人员，辨别其各种不同之机关，而研究其行为之方法：禁令，提倡或禁止之习惯，与制造宗教用具者之关系，及于私人生产之影响等。

（五）国际组织——在现代各民族间，所谓国际关系已成为一种制度。在此种制度中，人员（外交及领事）部分并不重要，其影响盖发生于各民族间之国际关系。吾人必须在政府间之正式条约中研究其组织,以窥见其及于价值(钱币条约)、运输、交易及信用(商约)等之影响(吾人于此对于规定劳工之国际条约尚置而不论,因其方在萌芽中也)。于是再进而研究其实际之方法以了解其足以便利或妨碍各种经济关系之处何在。吾人必须明了关税、运费、政治警察或卫生警察之规则,私法及商法之原理等之应用如何。最后并须注意,至少对于十九世纪以来国际之物质组织如邮政、交通以及其他国际之机关。凡此种种吾人虽不必研究其详细情形,至少须略晓其主要之事实及其演化之概要以便了然于其及于经济生活上之影响为何。

(六)语言——此系一种集合之事实,其影响盖普及于所有人类之关系。此为全部人类间交通之工具。语言相通而后其他各种交通,包括民族交通在内,方益形便利。语言不同则所有他种关系均必困难。语言分配并有影响于所有人口上之团结,如聚居、婚姻及职业等,而尤以经济关系为甚,如分工,价值之建设,交易及商业,财产之分配等。是故社会史家仅知语言本身及其历史固属无用。而对于语言之分配,同一语言之支派,均不能不知之,而当语言之支派不与政治团体合一时尤须加以辨明。社会史家必须熟悉语言分配之变动情形,盖因其有影响于人口及经济之演化者也。

二、集合之事象

——内部革命——冲突与条约——国际关系

吾人于此尚须研究特殊集合事象之足以产生社会一般演化之一部分者，此种事象之形式有二：即内部国内之革命及外部国际之冲突是也。

（一）内部革命之形式或系突然之变动或系逐渐之演化，将政府、教育、阶级、家庭等之集合组织变更之。当变更政治团体或私人团体或集合之习惯时，革命之举即在于变更其团结或其经济之方法。统治人员或政府职务之变动足以引起经济生活中领导人员之变动。垄断享乐或组织生产之团体必因之而有所更张。是故吾人如欲了解一民族之社会史，必须深悉其政治教会及私人制度中重要之革命及演化。

（二）外部历史之事象即系国际之关系。其形式或系猛烈之冲突如侵略或战争，或系和平之协商如条约与协定。其结果为领土分配及国际团体之变动。每一次领土或关系之变动必引起国内生活之一般更张，而经济生活亦随之俱变。冲突或协商之如何产生，战争及交涉之如何经过，皆系军事史或外交史专家所有事，吾人不必注意之，然战争或条约之结果系一种一般之事实，吾人如欲了解社会史，对此不能不深悉之。此外冲突时期中国际绝交之久暂以及条约之性质均应晓然，对于与商业及经济有关之条约尤须注意。

吾人对于所有集合之事象，虽有专家负责，无尽知之必要。然如不识政治史上之一般事实则甚为危险，盖吾人将难免以一种经济变动为由于经济原因，殊不知其原因适为一种政治之事象也，法国革命即其一例。

结论

社会科学之必须应用历史研究法，吾人至此已可得一实际之结论。

历史研究法在预备工作上实属必要，即在现时社会之研究上亦然。盖社会科学材料之大部分并非科学之观察，仅属史料而已，欲得其用，非加考订之功不可。

而且一种完全社会科学之构成，有赖于过去社会现象演化之研究，此即所谓社会史者是也。然此种社会史与所有其他历史不同，不特须用经过史法考订之史料，而且其本身亦不能绝对脱离其他各种历史而独立。所谓社会史正如法律史或风俗史，不过社会全部历史之一段，或特殊之一支而已。其与全部历史之关系，甚至较文学史或科学史尤为密切也。

社会史盖其他各种历史之一种补助科学，此盖就社会事实为他种事实之原因而言——唯此种关系并不如经济学家所信者之密切。

社会事实为其他事实之必要（消极）条件；无社会事实之产生即无其他事实之产生；然社会事实仅系一种扶助而非一种基础。其特殊形式之影响及于他种事实上者甚为薄弱；因之此种历史对于其他历史之了解，其为力亦甚为微薄也。

至于社会史则有赖于他种历史者甚多。社会事实之本身，本无存在之理由，其为物也或为其他行为之产品（人口事实即系如此），或为获得他种事实之方法（经济事实即系如此）。故社会事实之方向不在其本身之内，而在他种事实之中。此并非因人类之产生有一定进行之形式，因之有一种理智之生活，私人之习惯，一种政治之组织也，盖因其生活有此种理智上、私人上及政治上之形式，故引起一种经济生活之形式也。是故吾人而欲了解社会史，必自研究他种历史入手方可，盖社会史不过人类一般历史之片段而已也。